Roland Koch

Konservativ

Roland Koch

Konservativ

Ohne Werte und Prinzipien
ist kein Staat zu machen

HERDER

FREIBURG · BASEL · WIEN

© Verlag Herder GmbH, Freiburg im Breisgau 2010
Alle Rechte vorbehalten
www.herder.de

Satz: Barbara Herrmann, Freiburg
Herstellung: CPI – Clausen & Bosse, Leck

Gedruckt auf umweltfreundlichem, chlorfrei gebleichtem Papier
Printed in Germany

ISBN 978-3-451-30441-5

*Dieses Buch widme ich meiner Frau Anke und
meinen Söhnen Dirk und Peter.
Meine Familie ist meine Quelle.*

Inhalt

Einleitung

Sich mit einem Buch aus der aktuellen Politik zu verabschieden, ist nicht ohne Gefahren. Ich muss mir die Frage gefallen lassen: Warum jetzt, *nach* der eigenen politischen Arbeit? Ich versuche mit diesem Buch einen Beitrag zur Beseitigung eines Mangels zu leisten, der mich ebenso wie viele meiner Kollegen oft beeinträchtigt hat. Jetzt ist ein guter Zeitpunkt für mich, ohne die übliche mediale Unterstellung von Hintergedanken und mit beginnendem Abstand von der Tagespolitik über „konservative Politik" zu schreiben. Ich habe mich selbst im Laufe meiner politischen Entwicklung immer als „konservativen Reformer" bezeichnet. Das in dieser Formulierung offengelegte Spannungsverhältnis drückt gut aus, worum es mir geht. Wer will heute noch zugeben, konservative Ansichten zu haben? Und dennoch entsteht in unserer Gesellschaft gerade in diesen hektischen und schwer überschaubaren Zeiten ein zunehmendes Bedürfnis, sich als Konservativer zu bekennen und nach konservativer Politik zu fragen. Wer aber die seriösen Debatten zu diesem Thema verfolgt, bekommt ein verwirrendes Bild.

„Der Ruin des Begriffs ist ein allgemeiner. Mit allem, wogegen der Konservativismus seit der Französischen Revolution sich empört hat, hat die Gegenwart ihren Frieden gemacht: Aufklärung, Börse, politischer Zentralismus, Technik, Wohlfahrtsstaat, Hedonismus, Verschuldung, kosmopolitische Haltungen, Lobbyismus." So beschreibt der Journalist Jürgen Kaube in der Zeitschrift *Cicero* (7/2010) seine historische Beerdigung des Begriffes „konservativ". Die Ansammlung der Begriffe verstört. Wenn die zitierten Begriffe die Programmatik der Konservativen richtig umschreiben, dann ist alles, woran die Konservativen glauben, bestenfalls noch Geschichte. Dann sterben die Konservativen gerade aus.

Ein Blick in das Geschichtsbuch der Gesellschaftstheorien: 1818 veröffentlichte François René Chateaubriand seine Zeitschrift „Le Conservateur". Sie verschwand schon nach zwei Jahren wieder, das Wort blieb und wurde spätestens 1830 auch in Deutschland verankert. Da war die Aufregung über die Französische Revolution, die mit allem Hergebrachten gebrochen hatte, gerade aufgearbeitet. Dieser Bruch mit allem ging so weit, dass sogar neue Uhren konstruiert wurden, um die neue Zeit nach dem metrischen System zu berechnen, und dass das Jahr der Revolution zum neuen Jahr eins der Weltgeschichte erklärt wurde. Chateaubriands Zeitschrift wandte sich übrigens entschieden gegen den reaktionären Kurs der Bourbonen. Konservative haben sich also zuerst gewehrt. Sie waren gegen das gezwungene, künstliche Neue nur um des Neuen willen. Aber wollten sie wirklich nur das Alte? Die Worte Natur, Geschichte und Reform müssen uns beschäftigen.

Die politische Standortbestimmung der Konservativen hat offensichtlich bis heute oder sogar gerade heute ihre Probleme. Ich lebe seit vielen Jahren mit dem Etikett des Konservativen. Dabei habe ich mich anfangs keineswegs darum beworben, unter diesem einen Begriff alle meine programmatischen Ideen zusammenzufassen. Irgendwie muss es zu diesem Etikett gekommen sein. Aber wer glaubt, das mache mich zu einem Protagonisten der Senioren, verkennt: In Wahrheit erhalte ich für meine Person und die damit vertretene Politik gerade bei den jüngeren politisch Interessierten die meiste Zustimmung – so kräftig, dass es schon wieder wundert. Familie, Nation, harter Staat, freie Marktwirtschaft, Verbot der Abtreibung sind oft die Stichworte, die mir begegnen. So ganz ausgestorben ist das Konservative noch nicht.

Die Debatte macht auch vor der CDU nicht halt. Die Partei-vorsitzende Angela Merkel muss mit der nach meiner Erfahrung falschen Unterstellung leben, sie schätze das Konservative nicht. In der Partei selbst ist der Ausdruck „Sozialdemokratisierung der CDU" ein beliebtes Instrument der Selbstgeißelung. Wenn dann der Versuch unternommen wird, das Konservative in der CDU wieder schärfer herauszuarbeiten, entstehen Papiere, die eine gesellschaftliche Grundkonzeption aus meiner Sicht nicht tragen. Jetzt verlasse ich die parteipolitische Arena und denke darüber nach, was ich den wirklich politisch Neugierigen, die Lust auf die Frage hinter den einfachen Antworten haben, zu diesem Thema verbindlich sagen soll. Verbindlichkeit ist schließlich auch eine konservative Tugend. So betrachte ich dieses Buch auch als eine Art persönliches Abschiedsgeschenk am Ende einer herausfordernden und faszinierenden Zeit in direkter persönlicher Verantwortung.

Die Konservativen leben noch. Sie wissen nur nicht mehr so genau, warum. In jeder sich rasch verändernden Gesellschaft muss und wird es eine Diskussion über Verlauf und Geschwindigkeit der Veränderungen geben. Friedrich von Gentz, einer der einflussreichen Staatsphilosophen der napoleonischen Zeit, hat die Wechselwirkung so zusammengefasst: „Zwei Prinzipien konstituieren die moralische und intelligible Welt. Das Eine ist das des immerwährenden Fortschritts, das Andere das der notwendigen Beschränkung dieses Fortschritts" (Brief an den Historiker Johannes von Müller, zitiert nach Jakob Baxa, Einführung in die romantische Staatswissenschaft, Jena 1931, S. 231). Diskussionen über Veränderungen bringen immer „Konservative" auf den Plan. Solange es Veränderungen gibt, und es gibt sie heute in einem historisch zu nennenden Ausmaß, wird der konservative Standpunkt nicht aussterben.

Konservative sind heute nicht heimatlos, aber planlos. Ihnen fehlt ein intellektueller Überbau zu Einstellungen und

Forderungen. Gerade die Tatsache, dass konservative Positionen heute in Deutschland ein Element der aus unterschiedlichen Wurzeln kommenden Volkspartei CDU sind, macht einen verständlich abgegrenzten konzeptionellen Kern des spezifisch Konservativen unerlässlich. Das Fehlen des sichtbaren konservativen Kerns führt zu Frustration und gelegentlicher Radikalisierung derer, die sich diesem Denken verbunden fühlen, und ist zugleich das Einfallstor der vermeintlich liberalen und fortschrittlichen Vertreter, die das Konservative wegen dieser fehlenden Begründung als überlebt betrachten. Ein konservatives Konzept, das alles bewahren will, wäre Restauration. Auch wenn ich ein solches Konzept für falsch halte, wäre es wenigstens eine klare Ansage. Dann weiß jeder, wofür man ist – das Bestehende – und wogegen man ist – die Veränderung. Konservative waren im Laufe der Geschichte gegen vieles, wenn auch nicht gegen alles zur gleichen Zeit. Aber welche Veränderungen sind für sie akzeptabel und warum? Wie verändert sich die Gesellschaft, wenn Konservative sie lenken?

Konservative Politik verändert die Welt, beachtet dabei aber eine gesellschaftliche Statik von Werten und Traditionen. In der multipolaren und multikulturellen Welt des 21. Jahrhunderts sind wir zutiefst verunsichert in Bezug auf unsere Werte und unsere Traditionen. Das trifft alle. Für die Ideen eines Konservativen ist es jedoch besonders tragisch. Er ist in der Regel nicht stur genug, aus Unsicherheit alles Alte zu vertreten, aber nicht selten vor dem Zeitgeist zu ängstlich, um über den zentralen Einfluss von Werten und Traditionen überhaupt noch zu reden.

Konservative stehen im Meinungsstreit mit den Linken, die zwar gelegentlich restaurative Ideen haben, sich aber in der schieren Ablehnung des Begriffes „konservativ" sehr einig sind. Linke vertreten zumeist die attraktive Grundposition, dass der Mensch und die Welt von Natur aus vollkommen sind und nur die Umstände dafür verantwortlich sind, dass wir eine so unvollkommene Welt mit unvollkommenen Menschen sehen. Das macht jede Veränderung leicht begründbar, muss sie doch nicht am Maßstab der Vergangenheit, sondern am Maßstab der Vollkommenheit gemessen werden. Damit aber sind Konservative nicht die Bewahrer des Bewährten, sondern die Verteidiger des Unvollkommenen.

Die Konservativen hatten als Antwort darauf nie eine dem kommunistischen Manifest ähnliche grundlegende Programmschrift. Edmund Burkes „Reflections on the Revolution in France" aus dem Jahr 1790 taugt aus verschiedenen Gründen nicht dazu. Und auch die Entwicklung der vermeintlich so dogmatischen konservativen Positionen im Lauf der Zeit verdeutlicht: In der mit der Französischen Revolution beginnenden Geschichte des Konservativen finden sich Argumente für oder gegen die Nation, für oder gegen die Demokratie, für oder gegen Pluralismus und Moderne. Der Historiker John Greville Agard Pocock hat einmal analysiert: „Zu viele Geister haben aus zu vielen Gründen versucht, zu viele Dinge zu bewahren, als dass sich so etwas wie ein Kanon politischer Inhalte benennen ließe. Ja mehr noch: Oftmals hat der Konservative heute verteidigt, was er gestern abgelehnt hat – die Demokratie zum Beispiel" (Pocock, „Einführung" in Edmund Burke, Reflections on the Revolution in France, Indianapolis 1987).

Manche vermeintlich kritischen Geister haben an dieser Stelle schon genug von konservativen Ideen. Andere – wie ich selbst – akzeptieren dieses Spannungsfeld zwischen Bewahren und Verändern als besonders reizvolle Grundhaltung für das wertebestimmte, geschichtsbewusste und selbstkritische Herangehen an die Gestaltung von Gegenwart und Zukunft. Da liegt auch die Brücke zwischen den Konservativen und den kritisch rationalen Schülern Karl Raimund Poppers, zu denen ich mich immer gezählt habe. Für die Kommunikation einer zumindest auch konservativ geprägten Politik hat die Zurückhaltung in programmatischen Fragen eine fatale Folge: Eine in konservativer Gelassenheit (Tugend) vorgetragene Ordnung der Welt (Programm) schließt immer die kritische Prüfung der realen Umgebungsbedingungen und der realen Lebenserfahrungen ein. Dogmatismus und Pragmatismus reiben sich. Das unterscheidet jedenfalls im 21. Jahrhundert Konservative von Sozialisten, die ihren historischen Materialismus keiner kritischen Reflexion opfern wollen.

Es gehört zu den Zielen dieses Buches, die Betrachtung konservativer Politik nicht mit der relativ bequemen These, konservative Kontinuität gebe es nur bezüglich der Tugend, nicht aber bezüglich des Programms, enden zu lassen. Die Unterschiedlichkeit der Menschen und ihre Würde, die daraus erwachsende Achtung der Freiheit und die Pflicht zur Mitmenschlichkeit, der Respekt vor einer die Menschen gerecht behandelnden Ordnung und die Verpflichtung zu einem Grundkanon bürgerlicher Werte wie Familiensinn und Bildungswille sind programmatische Normen, die die Zeiten überdauern und ohne die es den Wert der Tugenden ja gar nicht gäbe.

In Deutschland hat es sich eingebürgert, „konservativ" und „rechts" gleichzusetzen. Auch deshalb verwundert es nicht, warum es vielen so schwer fällt, von sich selbst zu sagen, sie seien Konservative, obwohl es doch so viele sind. Manchmal haben sogar führende Repräsentanten der CDU Angst, für sich und ihre Partei dieses Wort in den Mund zu nehmen. Dieser mangelnde politische Mut führt dann wieder dazu, dass diejenigen, die so denken und es nicht sagen, am Ende politisch heimatlos werden. CDU und CSU können eine rechts außen verortete Partei nur verhindern, wenn sie das konservative Element der politischen Debatte pflegen und offensiv benennen. Das muss ja nicht für jedes Parteimitglied gelten, obwohl viele auch sehr moderne Positionen durchaus vor einem konservativen Hintergrund gut erklärt werden können und müssen. Auch dazu will dieses Buch beitragen. Die Debatte ist intellektuell anspruchsvoll und manchmal, leider, hartes Brot. Aber die mangelnde programmatische Präsenz des Konservativen in der CDU macht ganze Gruppen unserer Bevölkerung praktisch mundtot, und sie müssen sich das in einer Demokratie nicht auf Dauer gefallen lassen. Glücklicherweise sind Rechtspopulisten, die in dieses sich anbahnende Vakuum vordringen wollen, diesen intellektuellen Ansprüchen praktisch nie gewachsen. Glücklicherweise ist der Gemeinschaftssinn in der Union so groß, dass sich auch in den nächsten Jahren kein Politiker von nationaler Bedeutung „vor einen rechten Karren spannen" lässt. Aber die Zeit, die die Verantwortlichen meiner Partei haben, ihre Positionen mit Selbstbewusstsein und Stolz zu entwickeln und zu vertreten, ist nicht unbegrenzt.

Um journalistischen pawlowschen Reflexen vorzubeugen, sei hier festgestellt, dass ich nicht erwarte, dass das alles von Angela Merkel allein in der CDU geschultert wird. Ihr Profil ist für uns wertvoll. Aber auf der konservativen Seite fehlt heute in der deutschen Politik die intellektuelle Schärfe eines Alfred Dregger oder Walter Wallmann, und sie wird nur wieder entstehen, wenn junge Menschen das Gefühl haben, dass die CDU auch für diese Ideen die Plattform sein will. Die Protagonisten müssen sich dann allerdings auch die Mühe der eigenen gedanklichen Schärfe machen. Sogar die demokratische Rechte in Deutschland leidet an oft unscharfen Programmen, die schnell schrill oder dümmlich klingen. Die extreme Rechte zeichnet sich glücklicherweise wirklich durch ein kaum vorstellbares Maß an Dummheit aus. Das bedeutet: Die Formulierung einer Politik von „Maß und Mitte", wie sie der ehemalige Ministerpräsident von Baden-Württemberg Erwin Teufel in seinem gleichnamigen Buch beschrieben hat, muss von einer stabileren Anerkennung konservativer Positionen begleitet sein. Sie müssen sich eindeutiger und verständlicher, aber auch einfühlsamer und zukunftsgewandter präsentieren. Das möchte ich an einigen Beispielen zeigen.

Dabei gehe ich von der Überzeugung aus, dass die sich rasch verändernde gesellschaftliche und wirtschaftliche Situation gerade die Sehnsucht nach Verbindlichkeiten jenseits der Tagespolitik immer deutlicher spüren lässt. Wenn daraus weder eine destruktive Zukunftsverweigerung noch eine prinzipienlose Veränderungshektik werden soll, bedarf es eines Konsenses über einige prinzipielle Fragen. Ich nenne dies den „deutschen Konsens", weil kein Volk einen Anspruch darauf erheben sollte, die Prinzipien seines Zusammenlebens in Freiheit auch für andere verbindlich zu machen. Es geht bei diesem Konsens um die grundlegende Ordnung, in der wir leben wollen. Das ist keineswegs nur eine Frage von Gesetzen. Es ist auch die Frage von patriotischer Identifikation und der Bereitschaft der einzelnen Staatsbürger, Verantwortung zu übernehmen. Seit Chateaubriand das Wort „konservativ" in die Debatte einbrachte, haben wir Erfahrungen gesammelt, die es für eine friedliche und von allen akzeptierte Ordnung der Zukunft zu nutzen gilt. Genau hier sind Konservative die Experten.

Die so umrissene Annäherung soll in einer Kombination aus zeitgeschichtlicher Faktenaufnahme, meinen persönlichen Erlebnissen und einer grundsätzlichen Einordnung bestehen. Neben einer Betrachtung über „das Konservative an sich" will ich den Versuch wagen, mich der Unterscheidung zwischen dem, was nach meiner Überzeugung wirklich konservative Prinzipien sind und bleiben, und dem, was eben nur tagespolitische Ausgestaltung unseres in vielfachen Abhängigkeiten stehenden Lebens ist, zu nähern. Dabei beginne ich mit sehr grundsätzlichen Überlegungen zur Verantwortung für das Leben und versuche so, die Grundlagen für die Keimzelle jeder Gesellschaft, die Familie, deutlich zu machen. Ich werde daran anschließend über die Themenbereiche Bildung und Wirtschaft zu dem vorzudringen versuchen, was unsere bürgerschaftliche Gemeinschaft zusammenhalten kann und muss.

Natürlich werden in diesem Buch nicht alle Einzelthemen, die im Zusammenhang unseres Themas wichtig sind, in der Ausführlichkeit dargestellt, die sie verdienen. Das Thema Menschenrechte etwa wird aber auch im Zusammenhang des Kapitels über Religion oder Europa angesprochen. Entscheidend ist hier wie bei anderen Themen die Einsicht eines Konservativen, dass politisches Handeln an dem zugrundeliegenden Menschenbild Maß nimmt und danach fragt, welche Werte und Prinzipien die Freiheit des Einzelnen aber gleichermaßen auch die Bindekräfte unserer Gesellschaft und unseres Staates stärken.

1. Verantwortung für das Leben

„Wie hältst du es mit dem Lebensschutz?"

„Wie hältst du es mit dem Lebensschutz?" Diese Frage ist vor allem für viele junge politisch engagierte Menschen in unserem Land die Gretchenfrage, wenn sie darüber diskutieren, ob sie einem Politiker das Prädikat „konservativ" verleihen können oder nicht. Deshalb habe ich mich entschieden, meine Überlegungen genau an diesem Punkt zu beginnen, obwohl ich weiß, dass damit schon das erste Kapitel nicht zu den einfachen gehört. Das Gefühl gerade dieser jungen Menschen ist richtig: An den Fragen „Wie stehen wir zum Leben?" und „Verliert das Leben in der modernen Welt an Wert?" entscheidet sich, ob das Gesicht unserer Gesellschaft ein menschliches ist. Doch der Schutz des menschlichen Lebens gehört leider für gewöhnlich nicht zu den regelmäßig wiederkehrenden Punkten auf der Tagesordnung der politischen Debatte in unserem Land. Wie kommt es dennoch, dass nicht nur Jungpolitiker, sondern auch Medien ausgerechnet die persönliche Haltung eines Politikers zu den politischen Fragen des Lebensrechts als maßgeblichen Indikator dafür ansehen, wie konservativ er ist? Dieser Frage sollte man zuerst nachgehen, bevor man im Weiteren darüber nachdenkt, ob Entscheidungen im Bereich des Lebensschutzes tatsächlich ein geeignetes Kriterium für die Bewertung der konservativen Gesinnung von Politikern darstellen.

Ich habe 2006 mit großem Interesse verfolgt, wie die Delegierten der Jungen Union aus ganz Deutschland sich auf ihrer Bundesversammlung in Wiesbaden mit einem Antrag auseinandergesetzt haben, der eine Evaluation der aktuellen Gesetzgebung zum Schwangerschaftsabbruch und einen Ausbau der öffentlichen Maßnahmen zur Hilfe für junge Frauen im Schwangerschaftskonflikt forderte. Abgesehen davon, dass ich die Abtreibungsdebatte der 80er Jahre als aktives Mitglied und Amtsträger der Jungen Union selbst miterlebt und daher in sehr konkreter Erinnerung hatte, war diese Diskussion 2006 für mich auch in meiner damaligen Funktion als Landesvorsitzender der CDU Hessen von Bedeutung: Antragsteller des Papiers zum Paragraphen 218 StGB war der Landesvorstand der Jungen Union Hessen, also der Nachwuchs meiner Landespartei. Einen aktuellen Bezug oder gar einen konkreten politischen Anlass, dieses Thema auf die Tagesordnung zu setzen, gab es nicht. Die Versuche von Mandatsträgern aus den Reihen der Jungen Union, die Debatte aus Sorge um die mediale Wirkung und die politischen Reaktionen herunterzuspielen und den Antrag per „Überweisung an den Bundesvorstand" schnell vom Parkett des Wiesbadener Kurhauses zu bringen, scheiterten am entschlossenen Widerstand von zahlreichen Delegierten aus verschiedenen Landesverbänden. Es schien der Basis der Jungen Union, die sich schon seit einigen Jahren als „konservative Vorhut" begreift und darstellt, also ein wichtiges Bedürfnis zu sein, das Tabu-Thema Abtreibung zu diskutieren. Gesellschaftlich gesehen herrschte nach wie vor weitgehend Konsens über die in den 80er Jahren und nach der Wiedervereinigung Deutschlands beschlossenen juristischen Regelungen im Bereich des Schwangerschaftsabbruchs. Politisch gesehen war angesichts der seit der Bundestagswahl 2005 regierenden Großen Koalition nicht wirklich davon auszugehen, dass es zu Novellierungen oder gar neuen Gesetzen in diesem Themenbereich kommen würde. Die Jungpolitiker der CDU werden all das selbst gewusst haben – und diskutierten dennoch auf ihrer zeitlich straff organisierten Jahrestagung ausführlich darüber, ob und wie sich eine dem „C" und konservativen Wurzeln verpflichtete Union neu zu Fragen des Lebensschutzes zu positionieren habe. Warum?

Die Grundsätze: Verantwortung und Menschenwürde

In solchen und ähnlichen Begebenheiten des politischen Lebens innerhalb und außerhalb meiner Partei kommt eine Neigung zum Ausdruck, die besonders Konservativen eigen ist: Sie wollen die weiteren Zusammenhänge darstellen, das große Ganze diskutieren, in ihren Entscheidungen grundsätzlich werden. Dieser manchmal etwas sperrige, oft aber sehr hilfreiche Hang zum Grundsätzlichen liegt im Wesen des politischen Konservatismus selbst begründet. Es gibt kein Programm des politischen Konservatismus, sehr wohl aber durchgehende Spuren, die wie Bahngleise im Boden der politischen und gesellschaftlichen Entwicklung verankert sind. Es sind Leitlinien und Prinzipien, keineswegs jedoch vorgefertigte Antworten auf alle denkbaren politischen Fragestellungen. Entgegen dem Vorurteil mancher Medien haben Konservative kein politisches Programm, dessen tagtägliche Abarbeitung die erste und einzige Motivation für ihr politisches Engagement ist. Politische Grundsatzprogramme, wie Parteien sie von Zeit zu Zeit formulieren, dienen immer zuerst der Selbstvergewisserung einer politischen Gruppe. Da die politische Gruppe der Konservativen über kein solches „schlaues Buch" verfügt, das auf jede Sachfrage eine feststehende politische Antwort vorgibt, findet ihre Selbstvergewisserung vor allem im Gespräch über die grundsätzlichen Inhalte ihres politischen Bekenntnisses statt.

Der Glaube an die Einzigartigkeit jeder Person, das Bekenntnis zur Würde des Menschen und daraus resultierend der Wille zum unbedingten Schutz des menschlichen Lebens: Diese Trias gehört zum Kernbestand konservativer Überzeugungen. Während der konservative Politikansatz bei vielen politischen Fragestellungen seinen Ausdruck im Pragmatismus findet, stellt das Menschenbild der Konservativen so etwas wie einen ideellen Kern dar, der nicht zur Disposition steht, sei es politisch gelegen oder ungelegen. Vor diesem Hintergrund kann man verstehen, weshalb besonders die Diskussionen über Fragen des Lebensschutzes stets Konservative auf den Plan rufen. Wo es um den Ursprung und das Ende des Lebens geht, wird es grundsätzlich. Hier erfährt das Wissen seine Grenzen, und es beginnt die Sphäre des Glaubens. Fragen über Leben und Tod erzwingen ein Bekenntnis. So gehören Debatten über Stammzellforschung, Präimplantationsdiagnostik (PID) und Abtreibung zu den wenigen Gelegenheiten, bei denen Konservative in seltener Einhelligkeit auftreten können und damit überhaupt erst als Konservative in Erscheinung treten. Dies erklärt, weshalb viele Konservative und ihre Beobachter in den Medien dazu neigen, die Debatten zu bioethischen Fragestellungen als Gradmesser des Konservativen schlechthin anzusehen.

Dabei können konservative Politiker in Deutschland über ihr eigenes ideelles Rüstzeug hinaus nicht zuletzt auf unsere Verfassung zurückgreifen, wenn es um Fragen des Lebensschutzes geht. Dem Grundgesetz liegt wie den meisten Verfassungen in demokratischen Staaten ein zentraler Konflikt zugrunde. Es ist die Frage nach dem richtigen Maß, nach der goldenen Mitte zwischen dem Schutz der menschlichen Würde auf der einen Seite und der Gewährung der individuellen Freiheit auf der anderen Seite. Was etwa in Fragen der Stammzellforschung mit Blick auf den Schutz der befruchteten Eizelle und der Gewährung von Forschungsfreiheit miteinander in Konflikt geraten kann, bedingt einander gleichzeitig. Unser Grundgesetz sagt nicht: entweder Würde oder Freiheit, sondern: sowohl Würde als auch Freiheit. Die Verfassungen politisch nahstehender befreundeter Staaten wie die Frankreichs und der USA legen in dieser Abwägung den Schwerpunkt auf die Freiheit, was angesichts der Französischen Revolution und der amerikanischen Unabhängigkeitskriege relativ einfach historisch zu begründen ist. Ebenso historisch zu begründen ist auch die Wertentscheidung des Grundgesetzes, dem Schutz der Würde in unserer Verfassung in besonderer Weise Priorität einzuräumen. Nach den schrecklichen Gräueltaten der Nationalsozialisten war es nicht zuletzt dem klaren Bekenntnis im Artikel 1 unserer Verfassung zu verdanken, dass die Deutschen wieder einen Anspruch auf Achtung durch die anderen Völker erlangen konnten: „Die Würde des Menschen ist unantastbar. Sie zu achten und zu schützen ist Verpflichtung aller staatlichen Gewalt." Mit diesem Satz ist die besondere Betonung der Würde im Konflikt zwischen Würde und Freiheit Teil der deutschen Verfassungstradition geworden. Diese Feststellung ist nicht bloß juristische Prosa, sondern verpflichtet die Deutschen und im Besonderen ihre politischen Verantwortungsträger, an bioethische Fragestellungen in entsprechender Weise heranzutreten und ihren Einfluss auch in der längst international gewordenen bioethischen Diskussion entsprechend geltend zu machen.

Wir Deutsche sollten für uns in Anspruch nehmen, dass eine gemeinsame Geschichte als Staat auch besondere gemeinsame Wertüberzeugungen als Volk begründet. Deutschland ist historisch gesehen nicht dazu berufen, bei der gentechnischen Veränderung des menschlichen Erbgutes begeisterter Tabubrecher und ungebremster Vorreiter zu sein. Die Frage der Würde des Menschen hat für uns in der Interpretation der Spielräume für Forschung auch in Zukunft mit Sicherheit größeren Stellenwert, als dies für Länder mit anderen Traditionen gilt. Der historische Hintergrund dieser Entwicklung sollte uns jedoch davon abhalten, die besondere Betonung unsererseits zu verwechseln mit dem nicht zutreffenden Vorwurf einer angeblich minder ausgeprägten Achtung der menschlichen Würde durch andere Nationen und Völker. Der Würdebegriff des Grundgesetzes wird ebenso wie das ihm zugrunde liegende „christliche Menschenbild" in vielen bioethischen Debatten zitiert, ohne weitergehend ausgedeutet zu werden – was besonders bei Konservativen mit ihrem besonderen Augenmerk auf solchen Auseinandersetzungen für Unzufriedenheit sorgt. Es ist nicht Aufgabe des Politikers, philosophische und theologische Grundsatzfragen abschließend zu beantworten. Aber jeder, der politische Verantwortung übernimmt, ist zur Rechenschaft darüber verpflichtet, welche politischen Implikationen sich für ihn persönlich mit dem Schutz der Würde und dem christlichen Menschenbild verbinden. Für Politiker einer Partei mit dem „C" im Namen gilt das in besonderer Weise. Und Konservative sollten es bei solch grundsätzlichen Fragen nicht an Klarheit mangeln lassen.

Das christliche Menschenbild beinhaltet zwei Dimensionen. Zum einen manifestiert es die Würde des Menschen als die Unverletzlichkeit der einzigartigen Identität eines jeden Menschen. Die Würde wird dem Menschen nicht gegeben, er hat sie. Das gilt für jeden Menschen, gleich, wie er entstanden ist, in welchem Entwicklungsstadium er sich befindet und in welchem körperlichen oder geistigen Zustand er ist. Diese Klarstellungen sind nur scheinbar banal, denn die meisten bioethischen Kontroversen kreisen letztlich um die Frage, ob die involvierten Akteure diese Schlussfolgerungen anerkennen oder nicht. Zum anderen besteht das christliche Menschenbild eben genau darin, dass der Mensch das Recht auf ein eigenes Handeln hat. Dieses Recht impliziert auch die Verantwortung vor den Mitmenschen und vor Gott. Grundlegend bleibt die Erkenntnis, die sowohl unser Grundgesetz als auch das christliche Menschenbild in sich tragen: Der Mensch ist nicht der Herr aller Dinge.

Chancen und Risiken der Biotechnologie

Besonders im Hinblick auf die biotechnologischen Möglichkeiten des Menschen scheint die Erfahrung jedoch genau
gegenteilig zu sein: Die Zahl der Dinge, über die der Mensch
verfügen kann, nimmt zu. Ich halte diese Entwicklung keineswegs nur für bedenklich und gefährlich. Der biotechnologi-
sche Fortschritt bringt Chancen und Risiken mit sich. Auch
aus konservativer Sicht gilt es, beides zu betonen, da mit einer
einseitigen Betrachtung der Gefahren und Risiken weder die
Realität treffend beschrieben noch den Zielen des Lebensschutzes langfristig gedient ist. Das ist der Grund, weshalb
ich in meiner Amtszeit als Ministerpräsident den Diskurs
über dieses Thema nicht nur mit den Kirchen und Lebens-
schützern, sondern stets auch mit den Forschern und Biotech-
Unternehmen gesucht habe. Wir neigen in Deutschland zur
Problematisierung in einem Ausmaß, das oft nichts Gutes
mehr zulässt. In Hessen hat die Debatte über die Anwendung
von biotechnologischen Verfahren heftigere Wellen geschla-
gen als in anderen Bundesländern. Nicht nur in der Politik,
sondern auch in den Genehmigungsbehörden hat bei Anfra-
gen aus der Pharmaindustrie und Biotech-Branche oft und
lange die Skepsis überwogen. Ein gutes Beispiel dafür ist die
Humaninsulinanlage am Standort der früheren Höchst AG
in meinem Heimat-Wahlkreis. Nachdem man über Jahre hinweg die Genehmigung diskutiert hatte, entstand dort die welt-
größte Produktionsanlage für Humaninsulin. Sie deckt heute
nicht nur den europäischen Bedarf ab, sondern darüber hinaus auch einen Großteil des Bedarfs auf dem US-amerikanischen Markt. Dieses Beispiel hat mich seinerzeit ermutigt, als
Ministerpräsident 2001 das Ziel auszurufen, Hessen mit Hilfe
der bereits bestehenden exzellenten Infrastruktur zum Bio-
technologiestandort Nummer eins in Deutschland und Europa
zu machen. Mein Anspruch war es, dass wir Deutschen den zu

erwartenden Quantensprung in der Biotechnologie nicht bloß als passive Zuschauer erleben, sondern seine maßgeblichen Taktgeber werden. Diesen Anspruch sollten wir auch weiterhin formulieren, gerade mit Blick auf das Ziel, ethisch verwerfliche Verfahren, Techniken und Anwendungen so gut es geht zu verhindern oder mindestens in ihren Auswüchsen zu vermindern. Doch wer so argumentiert, gerät schnell ins Schussfeld aller Teile der an diesem Themenbereich interessierten Öffentlichkeit: Der Forschungsgemeinschaft und ihren starken Lobby-Verbänden gilt man als Bremser, der Chancen verpasst, den Lebensschutz-Verbänden ist man zu offen für einen Dialog, dessen Kernfrage nach ihrer Sicht der Dinge – Leben oder Tod – keine Offenheit zulässt. Ich sehe es nach wie vor als einen wichtigen Beitrag an, in diesen Jahren des Booms der Biotechnologie für Differenzierung geworben und damit Korridore für eine vernünftige Diskussion eingerichtet zu haben. Es war etwa 2002 nicht selbstverständlich, als Landesregierung einen Biotech-Kongress zu veranstalten. Die Klarstellung, dass der Umgang mit menschlichem Erbgut etwas prinzipiell anderes als die Forschung nach der Genomstruktur des Reiskorns ist, wurden nicht von allen anwesenden Vertretern der Pharmafirmen und Forschungslabore gleichermaßen positiv aufgenommen. Ein wichtiger Beitrag der Konservativen in diesen komplexen Debatten besteht gerade darin, die Dinge beim Namen zu nennen und diese Ehrlichkeit und Konsequenz auch von den übrigen Akteuren einzufordern. Um sich jedoch erfolgreich für Transparenz einsetzen zu können, muss man an der Debatte teilnehmen und kompetent mitdiskutieren können.

Viele Konservative glauben gerade mit Blick auf den biotechnologischen Fortschritt, den Zug der Zeit nicht mehr steuern, geschweige denn aufhalten zu können. Angesichts mächtiger wirtschaftlicher Interessen auch in diesem ethisch sensiblen Bereich fühlen sie sich machtlos. Ihre Sorge ist durchaus berechtigt. Der ehemalige Bundeskanzler Gerhard Schröder etwa sprach weit im Vorfeld der ersten Entscheidung zur Forschung an embryonalen Stammzellen in einem Interview im Mai 2001 davon, dass der Schutz von menschlichen Embryonen zwar moralisch geboten sei, es aber ebenso zu unserer moralischen Verantwortung gehöre, dass wir uns um Arbeit und Wohlstand kümmerten. Schröder konstruierte einen Gegensatz zwischen Embryonenschutz und Wirtschaftswachstum. Ich führe es auch auf den damaligen Einsatz der Union zurück, dass diese Frage nach wirtschaftlichen Gesichtspunkten in den biotechnologischen Debatten von heute eine deutlich untergeordnete Rolle spielt. Ich selbst erinnere mich an viele Debatten zu diesem Thema in dieser Zeit, etwa an eine ausführliche Podiumsdiskussion über die Risiken des biotechnologischen Fortschritts in der evangelischen Akademie in Hofgeismar. Für mich stand damals schon fest, dass die Forschung im Bereich der Biotechnologien zwar von ökonomischem Mehr- oder Minderwert sein kann, nie aber das Schicksal unserer Gesellschaft definieren wird. Deshalb muss auch heute noch gelten: Wer gerade in Zeiten hoher Arbeitslosigkeit dem Embryonenschutz über die Proklamation der Hoffnung auf neue Arbeitsplätze die gesellschaftliche und demokratische Grundlage entziehen will, handelt zutiefst gewissen- und verantwortungslos. Er vergeht sich damit langfristig am Rechtsbewusstsein der Menschen in unserem Land und richtet damit einen möglicherweise folgenschweren Schaden an.

Es brauchte gerade in diesen Jahren der großen Hoffnung auf die Entwicklung neuer Medikamente und Therapien viel Mut, um sich als Politiker für die Diskussion dieser weitreichenden Entscheidungen die notwendige Zeit zu nehmen. Viel Zeit war und ist auch deshalb notwendig, weil wir angesichts der neuen technischen Möglichkeiten vor neuen moralischen, ethischen und juristischen Herausforderungen stehen, für die wir noch keine ausreichenden ethischen Bewertungskriterien entwickelt haben. Unsere bisherigen ethischen Grundprinzipien können nicht mehr so einfach angewandt werden wie bisher. In der neuen Auseinandersetzung geht es um die Abwägung des höchsten Rechtsguts, Leben gegen Leben. Diese höchste Form der Abwägung war bisher nur in seltenen Extremsituationen gegeben, etwa im Fall der Notwehr oder im Fall des Schwangerschaftsabbruchs wegen einer Gefahr für das Leben der Mutter.

Konfliktfall Stammzellforschung

Angesichts der weltweit zunehmenden Forschung mit embryonalen Stammzellen wurde die Politik 2002 vor die Herausforderung gestellt, diese Abwägung auch im Fall der Stammzellforschung vorzunehmen und ein für alle Mal gesetzlich festzuschreiben. Es ging um die Frage, ob und in welchem Umfang es erlaubt sein soll, mit den in früheren Jahren bei der künstlichen Befruchtung außerhalb des Mutterleibs „überzählig übrig gebliebenen" befruchteten Eizellen „verbrauchend" zu forschen. Jedem, der sich seriös mit dieser Art von Forschung auseinandersetzt, muss klar sein, dass dabei die Tötung der befruchteten Eizellen in Kauf genommen wird, ja sogar fest mit ihr gerechnet werden muss. Konservative können sich auf Diskussionen darüber, ob hier schon von menschlichen Wesen gesprochen werden kann oder nicht, nur begrenzt einlassen. Immer, wenn es darum geht, zeitliche Fristen für den Beginn und das Ende menschlichen Lebens festzulegen, tendieren Konservative aus Erfahrung zu Recht zu derjenigen Lösung, die am wenigsten für Willkür anfällig ist. Das gilt mit Blick auf das Ende des menschlichen Lebens, das erst in dem Moment, in dem alle Köperfunktionen erloschen sind, als gegeben angesehen werden kann. Und das gilt für den Beginn des Lebens im Moment der Verschmelzung von Ei- und Samenzelle. Dies ist der früheste Zeitpunkt, an dem davon gesprochen werden kann, dass alle grundlegenden Bestandteile für ein neues Leben zusammengekommen sind. Überlässt man die befruchtete Eizelle ihrer natürlichen Entwicklung, spricht die größte Wahrscheinlichkeit dafür, dass ein weiterer Mensch auf die Welt kommt. Der Mensch entwickelt sich als Mensch und nicht zum Menschen. Die Diskussion um die Verwendung embryonaler Stammzellen war insofern komplexer, als dass die in Kühlschränken eingefrorenen befruchteten Eizellen bei natürlichem Gang der Dinge einem Dasein entgegensehen mussten, das durch An- und Abschalten des Kühlschranks seine Grenzen finden würde, nicht jedoch durch Geburt, Aufwachsen, Altern und Tod. Die von vielen in die Diskussion eingebrachte Option der Adoption war und ist nur begrenzt realistisch, geht es doch Eltern, die eine In-Vitro-Fertilisation wünschen, vor allem darum, eigene Kinder auf die Welt zu bringen. Das ethische Dilemma, vor das die Politik durch die Debatte in den Jahren 2001 und 2002 gestellt worden ist, hatte seinen Ursprung also schon Jahrzehnte früher in der Zulassung der künstlichen Befruchtung. Um die Erfolgsquote eines solchen Eingriffs in ausreichendem Maße zu erhöhen, wurden seinerzeit mehr Eizellen entnommen als anschließend wieder eingepflanzt werden konnten. Erst das heutige Embryonenschutz-Gesetz verbietet die Befruchtung überzähliger Eizellen außerhalb des Mutterleibs. Die einfache Forderung danach, die künstliche Befruchtung wieder zu verbieten, hätte das Problem des ethisch verantwortbaren Umgangs mit den bereits eingelagerten befruchteten Eizellen nicht gelöst.

Über menschliches Leben kann nur dann verfügt werden, wenn damit menschliches Leben geschützt oder gerettet wird. Dies ist meines Erachtens eine der festen Schienen, an denen sich Konservative im Bereich des Lebensschutzes orientieren können. Eine so sensible Materie wie die der Forschung an embryonalen Stammzellen verbietet die Verallgemeinerung von Fragestellungen und zwingt uns zur Präzisierung der jeweiligen abzuwägenden Sachverhalte. Ich persönlich glaube, dass wir auch in der Stammzellforschung zur Abwägung von Leben gegen Leben verpflichtet sind. Denn es stellt sich die Frage, ob es nicht möglich, wenn nicht sogar geboten sein könnte, die befruchteten Eizellen, die ohne Perspektive auf ein menschliches Leben normaler Gestalt existieren, für die Entwicklung lebensrettender Therapien einzusetzen. Natürlich muss dabei gleichzeitig sichergestellt werden, dass Eizellen nie zum Zweck der Forschung befruchtet werden. In diesem Fall würde ein Leben geschaffen, um es anschließend zu töten. Diese Verobjektivierung verbieten die Grundsätze unseres christlichen Menschenbilds. Die Abwägung zugunsten der Stammzellforschung kann man hingegen durchaus in Einklang mit dem christlichen Glauben bringen. Denn das Christentum lebt wie alle anderen Religionen aus einer Vielfalt von Abwägungsentscheidungen und nicht nur aus absolut gesetzten Aussagen. Die Rückfrage von Theologen, welches Leben konkret durch die von mir in Kauf genommene embryonale Stammzellen verbrauchende Forschung gerettet werde, war und ist berechtigt. Es scheint mir jedoch keineswegs evident zu sein, dass die mögliche Rettung durch die Arbeit von Forschern nicht schon eine ausreichende Legitimation ist. Hinzu kommt, dass wir nach wie vor nicht einmal wissen, wie viele befruchtete Eizellen in den Kühlschränken deutscher Kliniken und Labore einlagern. Zur ganzen Wahrheit dieser Diskussion gehört nämlich auch, dass in einem Land, in dem zu Recht jeder Verkehrstote und jede Krankheit statistisch erfasst werden, keine verlässliche Auskunft darüber eingeholt werden kann, wie viele befruchtete Eizellen wo in Deutschland wie lange bereits gehortet werden.

Wer den Schutz des menschlichen Lebens dauerhaft aufrecht erhalten will, ist gut beraten, langfristig an der Entwicklung von ethisch unbedenklichen Alternativen zu arbeiten. In den letzten Jahren haben sich in der Forschung mit adulten Stammzellen entsprechende Möglichkeiten aufgetan. Angesichts der mittlerweile weltweit über 70 unterschiedlichen erfolgreichen Therapieanwendungen mit Hilfe von adulten Stammzellen ist es meines Erachtens gerade konservativen Politikern aufgetragen, die technischen und wirtschaftlichen Rahmenbedingungen für diese ethisch unumstrittene Forschung zu verbessern. Deshalb haben wir uns in Hessen darauf verständigt, bestehende Forschungskapazitäten, Programme und Kompetenzen in einem Cluster für adulte Stammzellforschung zu bündeln. Je weniger die Notwendigkeit für eine Forschung mit embryonalen Stammzellen politisch ins Feld geführt werden kann, desto weniger gerät unsere Gesellschaft in das Dilemma, entweder mit embryonalen Stammzellen im großen Stil zu forschen oder kranken Menschen sagen zu müssen, dass man nicht alles für ihre Rettung unternimmt. Der Ausbau der alternativen adulten Stammzellforschung hat, besonders nach der intensiven Debatte um die Verschiebung des Stichtags im Stammzellforschungsgesetz in den Jahren 2007 und 2008, an Attraktivität gewonnen. Die Entscheidung einer überparteilichen Mehrheit des Bundestags vom April 2008, den Stichtag für die Entstehung zur Forschung freigegebener Linien embryonaler Stammzellen in die jüngere Vergangenheit vorzuziehen, ist von vielen als Dammbruch stilisiert worden. Nicht nur die Kirchen, sondern auch viele Konservative in der Union befürchteten, dass dieser Entschluss weitere Verschiebungen und letztlich die vollständige Liberalisierung der verbrauchenden Stammzellforschung nach sich ziehen werde. Dagegen muss festgehalten werden, dass es in Deutschland im Gegensatz auch zu unseren Nachbarländern immer noch eine vergleichsweise restriktive Gesetzgebung in diesem Bereich gibt. Für die CDU waren beide Debatten 2002 und 2008 eine Herausforderung, sowohl mit Blick auf den innerparteilichen Frieden als auch im Hinblick auf die Regierungsfähigkeit.

Gefahr eines ethischen Dammbruchs

Nicht nur meine Partei, sondern auch die Gesellschaft in unserem Land wird sich auf weitere Debatten dieser Art gefasst machen müssen. Dies zeigt etwa die jüngste Rechtsprechung im Bereich der PID, die ich mit großer Sorge betrachte. Ein Arzt hat nach dem Urteil des Bundesgerichtshofs vom Juli 2010 das Recht, einen Embryo unter dem Gesichtspunkt „schwerster Behinderung", die auf elterliche Dispositionen zurückzuführen ist, „auszusortieren". Die Richter weisen explizit darauf hin, dass der Embryo nicht auf weitere Merkmale hin untersucht werden dürfe und hoffen damit eine Selektion menschlichen Lebens verhindern zu können. Meines Erachtens müssen Konservative für einen größtmöglichen Schutz des menschlichen Lebens vor der Bewertung durch andere Menschen kämpfen. Ebenso, wie wir viele verborgene Erbkrankheiten nicht ausschließen können, müssen wir die Fremdverwertung sämtlicher vorgeburtlicher Informationen über ein Kind mit allen Mitteln verhindern. Konservative Politiker sind in der voraussichtlich notwendig werdenden Gesetzgebung daher dazu verpflichtet, auf der einen Seite die Möglichkeiten der Nutzung so transparent wie möglich zu gestalten und auf der anderen Seite die Verletzung mit hohen Strafen zu belegen.

Denn bei realistischer Betrachtung droht ein Dammbruch nirgendwo so sehr wie im Bereich der PID. Solche Entwicklungen müssen durch den Gesetzgeber so strikt wie möglich eingeschränkt werden. Wenn die Politik hier lediglich auf die Selbstdisziplinierung von Ärzten und Eltern setzt, überfordert sie die Beteiligten und gefährdet die betroffenen Kinder. Wir müssen uns im Klaren darüber sein, dass die Möglichkeiten der PID das menschliche Gesicht einer Gesellschaft in verhältnismäßig kurzer Zeit massiv verändern können. So wie manche Forscher dazu neigen, die Nützlichkeit weiterer Forschung zum entscheidenden Maßstab ihrer eigenen Wertungen zu machen, so sind Politiker verpflichtet, ihr Bild von der künftigen Gesellschaft als Maßstab ihrer Verantwortung für die aktuelle Gesetzgebung zu wählen. Die Feststellung, dass in Fragen der Bioethik Gott und die Ebenbildlichkeit des Menschen der letzte Maßstab bleiben müssen, hat an Relevanz und Aktualität nichts eingebüßt. Historische Beispiele dafür, dass Manipulationen vor der Geburt nicht selten tödlich für die Kinder enden, gibt es ausreichend. Die Tatsache etwa, dass in China deutlich mehr Mädchen als Jungen abgetrieben werden, ist nur ein besonders drastisches Beispiel.

Unsere Erfahrung lehrt uns auch, dass Menschen oft zu mehr in der Lage sind, als sie es sich vorher zutrauen. Meine Frau ist seit Herbst 1999 Schirmherrin der Tuberöse Sklerose-Gesellschaft, einer Vereinigung von Eltern, deren Kinder unter einer seltenen Krankheit leiden. Etwa 12.000 bis 15.000 Kinder und Erwachsene in Deutschland sind davon betroffen. Auf den jährlichen Vollversammlungen erlebe ich Eltern, die in der Sorge für ihre Kinder in unbeschreiblicher Art und Weise über sich selbst hinauswachsen. Hätte man diesen Eltern vorher davon erzählt, was auf sie zukommt, hätten sich wohl viele von ihnen nicht zugetraut, diese andauernde und bedrückende Herausforderung auf Dauer zu meistern. Doch sie schaffen es Tag für Tag. Ihr Zeugnis sollte Politiker nicht dazu verleiten, ohne Empathie oder gar zynisch mit dem Leid der Eltern von behinderten Kindern umzugehen. Doch es kann uns Hoffnung machen, dass Eltern, Familien und auch die Gesellschaft insgesamt selbst den größten Problemen trotzen und sie konstruktiv gestalten können. Diese Erfahrung bestärkt mich darin, auch weiterhin daran festzuhalten: Das Ringen einer Mutter, ob sie ein behindertes Kind austragen und aufziehen will, darf ihr nicht durch eine mechanische Qualitätsprüfung befruchteter Eizellen abgenommen werden. Wo einmal die Möglichkeit zur Prüfung besteht, wird schnell ein Zwang grundgelegt. Oder ist es angesichts steigender Gesundheitskosten wirklich so unrealistisch, dass sich Eltern eines behinderten Kindes trotz „Warnung der Ärzte" für die Entscheidung zu Gunsten des Lebensrechts ihres Kindes einmal rechtfertigen müssen? Wer bei der Selektion menschlichen Lebens einen Anfang macht, wird das Ende nicht mehr beherrschen können.

Der gleiche Grundsatz gilt auch für die Frage des Klonens: Wo der Manipulation des menschlichen Genoms die Tür geöffnet wird, kann die Entwicklung halbmenschlicher Wesen außerhalb unserer üblichen Moralvorstellungen nicht verhindert werden. Die ersten Forschungsvorhaben und entsprechende Gesetzgebungsprozesse zu hybriden Wesen in Großbritannien belegen, dass es sich bei solchen Warnungen nicht um übervorsichtige Panikmache handelt.

Ähnliche Vorsicht ist für Konservative auch beim Thema Sterbehilfe geboten. Wenn die Verkürzung des ohnehin zu Ende gehenden Lebens eine akzeptierte Alternative wird, werden wir als Politik und Gesellschaft nicht mehr sicherstellen können, dass viele ältere Menschen dies nicht auch als Aufforderung verstehen, ihrer Familie und der Gesellschaft nicht unnötig „zur Last zu fallen". Vielleicht sprechen sie nicht darüber – und leiden doch daran. Konservativen Politikern muss es ein Herzensanliegen sein, den menschlichen Zusammenhalt unseres Gemeinwesens gerade in den Extremsituationen an den Rändern des Lebens zu bewahren. Die Debatte über die Sterbehilfe in anderen Ländern hat gezeigt, dass die Berücksichtigung von nachvollziehbaren Wünschen der mitmenschlichen Fürsorge immer auch ökonomischen Überlegungen zum Durchbruch verhilft und damit letztlich dazu beiträgt, dass unser gesellschaftliches Klima abkühlt. Das Leben hat ein natürliches Ende, und der Tod gehört zum Leben dazu. Es sollte uns daher darum gehen, gegen die Tabuisierung des Todes als Teil des Lebens anzugehen. Lebensverkürzende Maßnahmen sind für Konservative keine Alternative. Gleichzeitig ist auch richtig, dass Leiden kein Ausweis der moralischen Qualität einer Gesellschaft ist. Konservative setzen nicht auf Hilfe zum Sterben, sondern Begleitung beim Sterben. Die Hospiz-Bewegung zeigt Tag für Tag, dass es möglich ist, auch dem Tod ein menschliches Angesicht zu geben. Sterbehilfe – gleich welcher Art und welchen Umfangs – gibt eine Entscheidung in die Hand der Mitmenschen, deren Beurteilung nie objektiv erfolgen kann, aber deren Folgen unumkehrbar sind. Nicht zuletzt deshalb sollten wir den Menschen vor seinem eigenen Übermut bewahren und auch trotz seiner sicherlich besten Absichten davon abhalten, an der Grenze des Lebens sein eigenes Schicksal und das anderer Menschen selbst in die Hand nehmen zu wollen.

Ringen um die Qualität eines ethischen Konsenses

Es braucht nicht wie in anderen Ländern das Klonen zu sein. Schon die Diskussionen über den richtigen Umgang mit den Chancen der Stammzellforschung, mit den Risiken der PID und mit den medizintechnischen Möglichkeiten am Lebensende zeigen: Es ist eine Lebenslüge, wenn wir behaupten, unter Rückbezug auf die Würde des Menschen nie über menschliches Leben zu verfügen. Der Würdebegriff schützt das Leben, aber er ist keine Ideologie. Das entlastet uns auf der einen Seite und überträgt uns auf der anderen Seite die große Verantwortung, ihn in schöpferischer Treue gegenüber den Müttern und Vätern unserer Verfassung immer wieder zu konkretisieren und ihm damit zur Geltung zu verhelfen.

Das lange Ringen um die richtige gesetzliche Regelung der Abtreibung in den 80er Jahren war Ausdruck genau dieses Bemühens. Über Jahre hinweg haben wir als Politik und Gesellschaft versucht, die richtige Lösung für das letztlich persönliche Dilemma von werdenden Eltern, nicht selten der alleingelassenen Mütter zu entwickeln. Es spricht für unsere

Gesellschaft, dass es dabei nie zu jenen Radikalisierungen gekommen ist, wie sie in der Debatte über die Abtreibung etwa in den USA immer noch regelmäßig zu beobachten sind. In Deutschland haben wir einen tragfähigen Konsens gefunden, als das Bundesverfassungsgericht mit der Indikationsregelung die Abwägung der Leben von Mutter und Kind in die Hände der Mutter gelegt hat. Der Staat ist hier an die Grenzen seiner Wirksamkeit gestoßen. Denn trotz aller richtigen Argumente bleibt es dabei: Der Staat kann niemanden zwingen, ein Kind auf die Welt zu bringen und aufzuziehen. Wo Eltern die Verantwortung für ihre Kinder nicht übernehmen wollen, wird der Staat es nie in gleicher Weise tun können. Und in Zeiten hoher Mobilität stellt es auch keinen moralischen Erfolg dar, abtreibungswillige Eltern über die Grenze in die Abtreibungskliniken der Nachbarländer zu treiben. Vielmehr muss es der Anspruch gerade konservativer Politik sein, die Menschen am Ringen um die moralische Qualität unseres gesellschaftlichen Konsenses zu beteiligen. Es ging damals darum, eine Extremsituation so unwahrscheinlich wie möglich zu machen. Diesem Ziel hat das Bundesverfassungsgericht durch die Einführung der sozialen Indikation nicht gedient. Die zunehmend großzügigere Interpretation dieser Regelung hat dazu beigetragen, dass aus der Hoffnung auf wenige Härtefälle die Realität eines Massenphänomens wurde. Die Tatsache, dass in einem der reichsten Länder dieser Erde immer noch Jahr für Jahr nach Angaben des Statistischen Bundesamts zwischen 120.000 und 130.000 Kinder abgetrieben werden, sollte uns zum Nachdenken bringen. Dieser Prozess des Nachdenkens sollte sich jedoch nicht in einer allgemeinen Wehklage ergehen, sondern zum Ziel haben, Lösungen zu finden und konkrete Hilfen zu entwickeln. Die Hilfe für Frauen im Schwangerschaftskonflikt war damals Teil des gesellschaftlichen Konsenses, ist aber immer noch nicht befriedigend gelöst. Die gesetzliche Regelung der Abtreibung, wie sie entwickelt worden ist, kann eine geeignete Grundlage für den bestmöglichen Schutz des ungeborenen Lebens in unserem Land sein. Sie entledigt uns jedoch nicht der Aufgabe, für das Leben zu werben und dabei mit so viel Einfallsreichtum wie möglich konkrete Hilfsmaßnahmen für junge Menschen im Schwangerschaftskonflikt zu entwickeln. Junge Eltern werden nur dann die Verantwortung für ihr Ungeborenes übernehmen, wenn sie Eltern, Verwandte und Freunde erleben, die sie nicht zuletzt durch ihr eigenes Beispiel dazu ermutigen. Erfahrung entfaltet in solchen Situationen mehr Kraft als alle großen Worte. Wahrscheinlich werden auf diese Weise Werte gelebt, die manche Medien als „konservativ" bezeichnen würden.

Wenn „konservativ" dabei bedeutet, dass die menschliche Würde geschützt, das ungeborene Leben bewahrt und das alternde Leben in Würde erhalten werden, stellt dies ein Qualitätssiegel dar, um das sich jeder verantwortungsbewusste Politiker engagiert bemühen sollte. Wer in Extremsituationen zu seinen Werten steht, ist glaubwürdig. Junge Menschen schätzen Glaubwürdigkeit. Es hat daher wohl eine tiefere Berechtigung, wenn junge Menschen genauer hinschauen, wie ein konservativer Politiker den Schutz des menschlichen Lebens bewertet – und umsetzt.

2. Der Wert der Familie

Hort der Sicherheit und Rückzugsraum

Im ersten Kapitel war von uns Menschen als von Geschöpfen die Rede, die ein Recht zu leben haben. Wenn wir die soziale Dimension dieses Lebens in den Blick nehmen, stellen wir fest: Um zu wachsen, brauchen wir die Familie. Sie steht als Keimzelle der Gesellschaft vor jeder weiteren Gemeinschaft. Die Ordnung der Familie hat besonders Konservative über alle Zeiten beschäftigt. In den letzten Jahren hat das Thema „Familie" so viel Aufmerksamkeit von Politik und Medien erfahren wie nur selten zuvor in der Geschichte der Bundesrepublik. Ein Grund dafür dürfte unter anderem die Entwicklung sein, dass ein Leben in Ehe und Familie nicht mehr so selbstverständlich die Lebenssituation vor allem der jungen Menschen in Deutschland darstellt, wie das etwa vor dreißig Jahren noch der Fall gewesen ist. Die Zahl der Ein- und Zweipersonenhaushalte nimmt zu, in vielen Städten sind diese Haushalte bereits der Normalfall. Besonders alarmierend ist eine Zahl, die das Bundesinstitut für Bevölkerungsforschung (BiB) im Juni 2010 veröffentlicht hat. In Ostdeutschland sind demnach im Jahr 2009 57,8 % der Kinder nichtehelich geboren. In Westdeutschland lag die Zahl der unehelichen Geburten jedoch bei im Vergleich dazu nur 25,8 %. Der Kommentar des Instituts dazu lautet: „Die nichteheliche Lebensgemeinschaft ist in den neuen Bundesländern zur sozialen Normalität geworden" (Presseerklärung des BiB vom 21. Juni 2010, www.bib.de). Diese Entwicklung kann niemanden, vor allem aber keinen Konservativen, unberührt lassen.

37

Familie spielt im Verfassungs- und Gesellschaftsverständnis eines Konservativen eine weit über das Soziologische hinausgehende, geradezu fundamentale Rolle. Die Familie ist der Rückzugs- und Schutzraum jedes Einzelnen. Was sich für manche nach der Romantisierung eines antiquierten Familienbilds anhören mag, hat sich im Verlauf auch der jüngeren Geschichte immer wieder bewährt: Für die Frauen und Männer des deutschen Widerstands in der Zeit des Nationalsozialismus etwa war die Familie erste Kraftquelle und letzter Schutzraum zugleich. Auch zur Zeit der SED-Diktatur war es – wenn überhaupt – nur in der Familie möglich, wirklich offen miteinander zu sprechen. Die Stasi versuchte in der DDR, über die Kinder in den Schutzraum Familie einzudringen, sie in der Schule zu befragen. Das gegenseitige Bespitzeln, das Herausreißen einzelner Familienmitglieder durch Festnahmen – all das diente dazu, den Nukleus Familie aufzubrechen und die Menschen gefügig zu machen. Totalitäre Regime haben immer die Bestrebung, die Familie als Privatraum zu zerstören.

Diese zentrale gesellschaftspolitische Dimension der Familie sollte uns also gerade vor dem geschichtlichen Hintergrund unseres Volkes stets vor Augen stehen. Eine Gesellschaft, die einen unabhängigen und selbstsicheren Menschen zum Leitbild hat, muss die Familie schützen. Eine Gesellschaft hingegen, die den Menschen abhängig und biegsam machen will, muss die Familie zerstören. Daher ist die Diskussion über Familienpolitik für Konservative immer auch die Diskussion über die charakterliche Bildung einer Gesellschaft. Dies erklärt, weshalb familienpolitische Kontroversen für die konservativen Wähler und Mitglieder der CDU von besonderem Signal-Charakter sind. Das zumindest ist meine Erfahrung auf den unzähligen Diskussionsveranstaltungen in Orts- und Kreisverbänden in meiner bisherigen politischen Arbeit. Oft wird in solchen Diskussionen nach der Definition und dem Familienbild der Union gefragt.

Mit dieser Frage nach dem Familienbild beginnt dann jedoch auch schon die Debatte. Die erste Schwierigkeit liegt bereits in der Frage: Was ist eine Familie? Es gibt weltweit etwa einhundert sozio-ethnologische Definitionen von Familie. Sie reichen vom Stammesverband bis zur Ein-Eltern-Familie. Der Österreicher Naturrechtslehrer Johannes Messner definierte Familie im 20. Jahrhundert noch als Lebens-, Wirtschafts- und Hausgemeinschaft. Der Familienreport 1994, verfasst und verabschiedet von ranghohen Vertretern aller Teile unserer Gesellschaft, definiert Familie als „eine auf Ehe, Abstammung oder Ausübung der elterlichen Sorge gegründete Verbindung von Personen". Der fünfte Familienbericht des Bundesfamilienministeriums von 1995 sieht in der Familie „eine dynamische Form menschlichen Zusammenlebens". Es ist die verantwortliche Elternschaft, die eine Lebensgemeinschaft von Eltern und Kindern nach geltendem Recht in Deutschland zu einer Familie macht. Damit sieht alles ja ganz einfach aus, ist es aber nicht. Die Vielfalt der Formen des Zusammenlebens in unserer Gesellschaft erfordert weitere, wertende Beschreibungen. Das gilt für den Gesetzgeber, der daraus Rechtsansprüche unterschiedlicher Art ableitet. Es gilt aber auch in der gesellschaftspolitischen Debatte für Parteien, Kirchen und politische Verbände. Wer dabei vor allem an die auf Lebenszeit hin angelegte Gemeinschaft von Mann, Frau und Kindern denkt, handelt sich schnell den Vorwurf ein, andere Familienrealitäten und Lebensentwürfe zu diskriminieren. Die genannten Zahlen der unehelichen Geburten scheinen das ja auch zu bestätigen. Wir haben es verlernt, juristische Definitionen und gesellschaftspolitische Postulate auseinanderzuhalten. Juristisch, insbesondere steuerrechtlich und im Sozialrecht, ist es klug, von einem sehr weiten Familienbegriff auszugehen, weil nur so ein streitfreier und hilfreicher Lebensraum für Kinder geschaffen werden kann. Aber gesellschaftspolitisch bleibe ich davon überzeugt: Alle Toleranz gegenüber unterschiedlichen Lebensformen und Lebensstilen darf nicht verdecken, dass für die Stabilität der Gesellschaft und das Wohlergehen der Kinder die lebenslange Ehe und die darauf gegründete Familie das Beste sind. Darüber wird noch zu sprechen sein.

Familienbild und gesellschaftliche Veränderungen

Aber auch diejenigen, die sich zu diesem Leitbild der Ehe bekennen, haben heute ein stark verändertes Bild vom konkreten Zusammenleben der Partner. Hinter der Diskussion um das Familienbild steht eine der revolutionärsten Gesellschaftsveränderungen der vergangenen Jahrhunderte. Blickt man auf die soziologischen Daten, dann sieht man, dass die Struktur der Familien sich massiv verändert hat. Die erstmalige Verwirklichung einer echten Gleichberechtigung der Geschlechter hat zu einem nachhaltigen Wandel des Lebens in den Familien geführt. Quantitativ und qualitativ gesteigerte Bildung und Ausbildung junger Frauen und die damit verbundene Auflösung weitgehend fester Rollenzuteilungen zwischen Mann und Frau kennzeichnen diese Entwicklung. Nach den entbehrungsreichen Jahren für die Trümmerfrauen galt es in den Jahren des Wirtschaftswunders zwischen 1950 und 1960 noch als gesellschaftliche Errungenschaft, dass Frauen es sich „leisten" konnten, sich ganz auf die Kindererziehung zu konzentrieren, da ein Ernährer die Familie versorgen konnte. In diesen Zeiten entstanden die berühmten „drei Ks" – Kinder, Küche, Kirche –, und sie waren damals keine negative Bewertung. Während Frauen über Jahrzehnte die Familie sehr oft als Bezugspunkt für ihre persönliche Selbstverwirklichung wählten, werden heute immer mehr Ausbildung, Beruf und Karriere als Belege für ein geglücktes Leben angeführt. Die Anwendung der eigenen Ausbildung steht für die jungen Frauen heute außer Frage. Viel unsicherer ist es da eher, ob diese jungen Frauen sich entscheiden werden, auch Mütter zu sein.

Wirksame Betreuungsangebote

Das ist der Hintergrund, vor dem die in den letzten Jahren geführte Debatte über die Frage der Betreuung von Kindern im Alter unter drei Jahren gesehen werden muss. Besonders in den CDU-regierten Ländern im Westen Deutschlands wird der Ausbau des Betreuungsangebots vorangetrieben. In Hessen haben wir schon kurz nach dem Jahr 2000 damit begonnen, das entsprechende Angebot für junge Eltern zu erweitern. Dabei liegen wir im Vergleich mit den anderen westdeutschen Flächenländern mit einer Versorgungsquote von 16,3 Prozent in 2009 ganz vorne. Diese Entwicklung war keineswegs selbstverständlich. In meiner persönlichen Erinnerung fand diese Debatte einen Höhepunkt bei der Beratung familienpolitischer Grundsätze auf einem „Kleinen Parteitag" der CDU Hessens im November 2004 in Hanau. Dort wurde vorgeschlagen, den bislang in der Union bestehenden Konsens über den Primat der Betreuung der Kinder während der ersten drei Lebensjahre durch die Eltern zu überdenken. Die von der damaligen hessischen Sozialministerin Silke Lautenschläger vorgeschlagene behutsame Einführung von Kinderkrippen und Krabbelstuben sowie eine starke Ausweitung der Zahl der Tagesmütter stieß auch auf Kritik. Dass die hessische CDU dennoch mit großer Mehrheit diesem Konzept folgte, war der Grundstein für die erfolgreiche frühzeitige Einführung eines entsprechenden Betreuungsangebots in Hessen.

Der Ausbau des Angebots spielt eine zentrale Rolle. Zum einen wird nur ein glaubwürdiges, im ganzen Land erreichbares Betreuungsangebot dem Anspruch junger Frauen auf

Wahlfreiheit gerecht. Die Entscheidung, sich für eine Zeit ganz auf die Erziehung der Kinder in der Familie zu konzentrieren, wird für viele junge, gut ausgebildete Mütter erträglicher, wenn sie wissen, dass sie dazu nicht „verurteilt" sind, sondern jeden Tag auch die Wahlfreiheit für eine Betreuung besitzen. Zum anderen wird nur mit einem guten Betreuungsangebot die Entwicklung gestoppt, dass sehr gut und oft auch sehr lang ausgebildete junge Frauen immer später und dann oft auch gar nicht mehr ihren Kinderwunsch Wirklichkeit werden lassen. Diese Erkenntnis ist für viele, gerade Ältere, die sich in ihrem Leben ganz anders entschieden hatten, oft schwer zu akzeptieren. Wenn man sich aber hier den Realitäten stellt, verschiebt sich der Einfluss auf die prägende Erziehungsphase des Kindes sehr stark von der Privatheit der Familie auf die kollektiven, staatlich geprägten Einrichtungen. Umso mehr muss man sich dann um die Qualität dieser Betreuung kümmern.

Konservative kennen sehr wohl die moderne Lebenswirklichkeit der Familien in unserer Gesellschaft und haben entgegen manchen Vorurteilen kein Problem mit den positiven Folgen der gesellschaftlichen Entwicklung, etwa der Gleichberechtigung und Emanzipation der Frau. Das habe ich in unzähligen Wahlveranstaltungen zu vermitteln versucht. Ich habe mich in den Sälen und auf den Plätzen umgeschaut. Dabei konnte man bei vielen Frauen in meinem heutigen Alter durchaus vermuten, dass sie selbst Mütter seien. Ich habe diese Frauen angesprochen, weil ich aus vielen Begegnungen wusste, dass gerade sie mit den Positionen meiner Partei, wie wir sie in den letzten Jahren gefunden hatten, besonders haderten. Sie empfanden diese veränderte Politik eben auch als einen Angriff auf ihren eigenen Lebensweg, in dem sie sich für die Rolle als Hausfrau und Mutter entschieden hatten. Jetzt sollte dieser Weg auf einmal von gestern sein. Da musste ein Konservativer doch wohl dagegenhalten. Ich sprach dann von der besonderen Leistung der Mütter, die es erstmals seit vielen Generationen geschafft hätten, ihren Töchtern die gleichen Bildungschancen zu verschaffen, wie sie die Jungen schon lange hatten. Da wurde dann stolz genickt. Wenn ich einige der Mütter fragte, ob ihre Töchter denn auch studierten, wurde das oft auch mit stolzem Lächeln bestätigt. Wenn ich dann laut vermutete, dass eine ganze Reihe dieser heutigen Großmütter ihren Töchtern die Kinder tagsüber abgenommen haben, um ihnen den Rücken für die Verwirklichung ihrer beruflichen Ziele freizuhalten, dann fand ich auch dafür viel Zustimmung. In Wahrheit hatten diese Mütter also, obwohl sie von mir ein Bekenntnis zu ihrem eigenen Lebensentwurf verlangten, längst selbst pragmatisch dafür gesorgt, dass die familienunterstützenden neuen Einrichtungen wie Krippe und Krabbelstube bereitstanden. Vielen wurde dabei offensichtlich erstmals klar, dass die von ihnen so skeptisch beobachtete programmatische Veränderung ihrer CDU in Wahrheit nur nachvollzogen hat, was sie in ihrem privaten Leben zugunsten ihrer Töchter und ihrer Enkelkinder längst verwirklicht hatten. Und spätestens hat sie das Argument überzeugt, dass es ohne eine wirksame Betreuung, sei es durch die Oma – wo vorhanden – oder die Gemeinschaft, immer länger dauern werde, bis sich junge Familien dazu entschließen, ihren Kinderwunsch zu verwirklichen. Natürlich ist Familienpolitik immer auch sehr stark Kinderpolitik. Es geht um das seelische Wohlergehen des Kindes und seine Chancen, es geht aber auch schlicht darum, dass wir in jeder Straße noch Kinderlachen hören wollen, denn eine ausreichend große Zahl von Kindern gehört zu den wichtigsten Voraussetzungen einer guten Zukunft.

Gegen Instrumentalisierung –
die Interessen der Familie zuerst

Wir sehen heute unterschiedliche Konzeptionen von Familienpolitik, die auf unterschiedlichen Motiven basieren. Es zeichnet sich immer mehr ab, dass die politischen Bemühungen,
eine Trendwende bei den Geburtenzahlen herbeizuführen
oder zumindest ein weiteres Absinken der Geburtenrate zu
verhindern, von existentieller Bedeutung sind – nicht zuletzt
angesichts der Probleme mit der Finanzierbarkeit unserer sozialen Sicherungssysteme. Um das Ausmaß des demographischen Wandels zu illustrieren, seien einige Fakten genannt:
Abgesehen von einigen Ländern im Süden bekommen die jungen Frauen in Europa nirgends so wenige Kinder wie in
Deutschland. Die Geburtenrate in unserem Land liegt zwischen 1,35 und 1,29 Kindern pro Frau, wobei eine Geburtenrate von 2,1 Kindern pro Frau von Wissenschaftlern als regenera-
tives Minimum einer Gesellschaft angesehen wird. Während
über 90 % der in den 30er Jahren geborenen Frauen im Verlauf ihres Lebens Kinder auf die Welt brachten, nähert sich
der Anteil kinderlos bleibender Frauen in der aktuellen weib-
lichen Bevölkerung einem Drittel. Auch wenn der Bevölke-
rungswissenschaftler Herwig Birg zu Recht kritisiert, dass
dem demographischen Problem in der Öffentlichkeit viel zu
spät ein angemessener Platz eingeräumt worden ist (Herwig
Birg, Die ausgefallene Generation, München 2005), sollten
wir uns vor falschen Erwartungen hüten: Mit familienpoliti-
schen Maßnahmen etwa im Bereich des Betreuungsangebots
ist eine zwangsläufige Steigerung der Geburtenrate keineswegs garantiert. Es ist für Konservative bedenklich, die Familie
in einem einseitig demographisch orientierten Ansatz zu in-
strumentalisieren. Das Interesse des Staates an seiner Selbst-
erhaltung ist zwar berechtigt, hat seine Grenzen aber in der
Tradition der Subsidiarität: dass die Familie dem Staat voran-

geht und ihre Daseinsberechtigung nicht erst durch die Zuweisung etwa einer demographischen Funktion erhält.

Mit der demographischen Begründung geht oft eine ökonomische Instrumentalisierung der Familienpolitik einher. Die Wirtschaft ist daran interessiert, möglichst umfassend auf hochqualifizierte Frauen zurückgreifen und sie möglichst uneingeschränkt im Arbeitsprozess einsetzen zu können. Damit verbunden sind Bemühungen, das familiäre Leben den Gegebenheiten und Bedürfnissen des wirtschaftlichen Prozesses anzupassen. Für Konservative jedoch steht fest: Nicht die betriebsfreundliche Familie, sondern der familienfreundliche Betrieb ist die Zielvorstellung der Familienpolitik. Es ist nicht im Interesse des langfristigen gesellschaftlichen Zusammenhalts und entspricht nicht dem Gesellschaftsbild der Konservativen, auch die Familie einzig anhand der Kriterien ökonomischer Effizienz zu betrachten.

Grund zur Skepsis bleibt auch bei dem sogenannten „emanzipatorischen Ansatz von Familienpolitik". Dieser Ansatz greift den Wandel der Rollenbilder auf und setzt den Fokus auf die einzelnen Teile der Familie, besonders der Frau und der Kinder. Diese Art von Familienpolitik ist geleitet vom Interesse, die bestehenden emanzipatorischen Entwicklungen in der Gesellschaft voranzutreiben. Wirklich gleichberechtigtes und entsprechend den persönlichen Bedürfnissen gestaltetes partnerschaftliches Zusammenleben ist ein berechtigtes Ziel. Aber es darf daraus keine Ideologie werden. Das Recht der Eltern zur Gestaltung des Familienlebens muss auf Wahlfreiheit aufbauen. Eine Mutter oder ein Vater, die für eine von ihnen bestimmte Zeit nicht am Erwerbsleben teilnehmen und sich der ja keineswegs bequemen Aufgabe des Familienmanagements widmen, behindern nicht, wie einige Emanzipations-Apologeten glauben machen wollen, den gesellschaftlichen Fortschritt. Auf dieser Debatte beruht der vor allem unter Konservativen verbreitete Eindruck, dass bestimmte Lebensentwürfe wie derjenige, in dem Familie und außerhäuslicher Beruf gleichzeitig realisiert werden, bevorzugt werden.

Problematik und Dilemma der Verrechtlichung

Die Gefahr der Vergesellschaftung der familiären Freiheit endet aber nicht bei dieser sehr prinzipiellen Frage. Eine weitere Herausforderung ist die zunehmende Verrechtlichung des Lebens in der Familie. In diesem Prozess, der auch im internationalen Rahmen der Vereinten Nationen oder der Europäischen Union vorangetrieben wird, werden jedoch in der Regel nur den einzelnen Mitgliedern der Familie Rechte zuerkannt. Dies führt zu einer Vereinzelung, die in Widerspruch zum Schutz der Gemeinschaft Familie geraten kann. Um hier keine Missverständnisse aufkommen zu lassen: Frauen- und Kinderrechte sind natürlich absolut unerlässlich und eine Errungenschaft unseres gesellschaftlichen Fortschritts.

Dabei wird es eine herausfordernde Aufgabe bleiben, angesichts der bedrückenden Vorfälle von Verwahrlosung und Misshandlung das Augenmaß für Regel und Ausnahmen zu behalten. Während man früher von der intakten Familie ausging, prägen heute die medial stets ausführlich behandelten Fälle von Verwahrlosung, von häuslicher Gewalt und von sozialen Brennpunkten das Bild der Familie. Tatsächlich sind Missbrauch und Verwahrlosung glücklicherweise immer noch – wenn auch in der Anzahl steigend – Ausnahmen. Mehr als 95 % aller Eltern, in welcher Konstellation auch immer sie ihre Verantwortung ausüben, sind liebende und aufopfernde Menschen, die oft genug eigene Wünsche im Interesse ihrer Kinder zurückstellen. Zu den selbstverständlichen Pflichten des Staates gehört es, ihre Freiheit und Würde zu respektieren und in das Leben von Familien nicht intensiver einzugreifen, als es unabdingbar nötig ist. Diese Diskussion hat mich selbst immer wieder beschäftigt. Als in Bremen – quasi unter den Augen des Jugendamtes – ein kleiner Junge so schwer misshandelt wurde, dass er starb, brandete die Frage der Schutz- und Kontrollpflichten des Staates wieder in voller Schärfe auf. Bei allem Respekt vor dem Schutzraum der Familie kann und darf niemand sagen, dass der Staat hier keine Verantwortung hat. Wir lassen kein Auto auf die Straße, das keine TÜV-Prüfung durchlaufen hat. Da darf es uns nicht kalt lassen, wenn die angemessenen Existenzrechte eines Kindes sträflich vernachlässigt werden. Im Gegenteil: Wir müssen überwachen, dass sie eingehalten werden. Wir haben in Hessen als Vorreiter in dieser Diskussion Wege gefunden, dass die staatliche Verwaltung in den Fällen tätig wird, in denen die Eltern die von den Krankenkassen finanzierten und aus medizinischer Sicht unabdingbaren Vorsorgeuntersuchungen nicht vornehmen lassen. Dann nimmt die Jugendfürsorge mit den Eltern Kontakt auf. Das ist noch zurückhaltend genug, aber ignoriert nicht die Verantwortung gegenüber denjenigen, die auf ihre Rechte nicht selbst achten können. Im Übrigen ist in dieser Debatte auch wieder das Thema bürgerschaftlicher Verantwortung auf die Tagesordnung gekommen. Natürlich dürfen Kinderärzte bei Anzeichen von Misshandlung oder Verwahrlosung nicht wegsehen; sie sind verpflichtet, Eltern anzusprechen und gegebenenfalls im Interesse des Kindeswohls staatliche Institutionen einzuschalten.

Staatliche Hilfen und elterliche Pflichten

Nach einem Urteil des Bundesverfassungsgerichts im Jahr 2010 geht es jetzt jedoch in Deutschland um eine immer tiefergehende Einflussnahme des Staates auf das konkrete Familienleben. Begründung: Solche Maßnahmen müssen gleichmäßigere Chancen zur gesellschaftlichen Teilhabe für alle Kinder schaffen. Dabei ist die Politik in einem offensichtlichen Dilemma. Einerseits gibt es gute Gründe für die Annahme, dass die derzeitige Berechnung der staatlichen Unterhaltssicherung für Kinder einen zu geringen Betrag erbracht hat. Jede Erhöhung andererseits führt insgesamt zu einem höheren Familieneinkommen, was wiederum zu einer wesentlichen zusätzlichen Erschwernis bei der Aufrechterhaltung des Lohnabstandsgebots führt. Die Gefahr, dass es tatsächlich Familien gibt, die die Kinderzahl als ein Element zur Erzielung von Familieneinkommen betrachten, steigt dann. Man sollte also daran denken, durch wie auch immer geartete Gutscheinmodelle den Kindern Zugang zu bestimmten Leistungen zu ermöglichen, ohne dass die Eltern diese Beträge zu anderen Zwecken gebrauchen können. Bei der Debatte, ob ein solches Gutscheinmodell etwa in Form einer Chip-Karte technisch organisierbar und unter den Gesichtspunkten des Datenschutzes verantwortbar ist, interessiert den Konservativen aber mindestens genauso stark eine andere Frage: Wie weit eignet sich der Staat unter Missachtung des Prinzips der Subsidiarität hier zusätzliche Bevormundungskompetenzen an, die den Schutzraum Familie weiter aushöhlen? Angesichts des Lohnabstandsgebotes und der Forderung des Bundesverfassungsgerichts nach höheren Geldbeträgen wird es zu dem Gutscheinmodell wohl kaum eine Alternative geben. Allerdings muss dann sichergestellt sein, dass das Angebot sehr breit gefächert wird und keine Kontrolle über die individuelle Inanspruchnahme dieser Angebote möglich ist. Sinn machen diese Angebote ohnehin nur, wenn sie regional gestaltet sind und auf die jeweiligen konkreten Bedürfnisse Rücksicht nehmen. Da kann es auf dem Land durchaus sein, dass beispielsweise eine Fahrtkostenerstattung zum Besuch von Musikschulen oder eines Sporttrainings wichtiger sind als in städtischen Regionen, in denen die Finanzierung zusätzlicher pädagogisch betreuter Nachmittagsangebote im Vordergrund stehen muss. Die Hoffnung allerdings, Eltern, die bisher ihren Kindern solche Angebote nicht verschafft haben, würden automatisch die Gutscheine in der gewünschten Form nutzen, scheint mir naiv. Hier werden sozialpädagogische Betreuung und Beratung von jungen Müttern einerseits und ein konsequentes Vorgehen der Jugendbehörden andererseits unabdingbar sein. Dabei müssen die Entscheidungen der Familie auch in den Bereichen Bildung und Erziehung prinzipiell vom Staat respektiert werden, solange dadurch keine nachhaltige Verletzung des Kindeswohls zu befürchten ist.

Auch aus dieser Position heraus wird wieder deutlich: Der Respekt vor der Freiheit und der Würde jedes Einzelnen und der staatlicher Einflussnahme entzogene Schutzraum der Familie begründen zugleich eine große, unersetzbare Verantwortung der Familie. Die Hoffnung, man könne mit staatlichen Maßnahmen die Unterschiede an Engagement, Zuwendung und Erziehung in den einzelnen Familien ausgleichen, wird jedenfalls nicht erfüllt werden. So schwer es uns ums Herz ist, wenn wir sehen, dass einzelne Kinder nicht die wünschenswerte Zuwendung erhalten, so klar muss sein, dass alle Maßnahmen der Kompensation zwar helfen können, Unterschiede nicht unerträglich groß werden zu lassen, aber nicht in der Lage sind, die Unterschiede zu beseitigen. Je mehr wir über staatliche Hilfsmaßnahmen sprechen, umso mehr Eltern – gerade in den bildungsfernen Schichten – werden zu der Auffassung gelangen, dass es ihrer eigenen Erziehungsarbeit gar nicht mehr bedarf, weil der Staat sich ja darum kümmert. Dieser bequeme Weg wäre ein Irrweg und darf nicht durch übermäßiges staatliches Handeln noch geebnet werden. Dazu gehört auch, zu offen darüber zu sprechen, dass die innere Stabilität einer Familie, der Zusammenhalt der Eltern und die langfristige Stabilität der häuslichen Verhältnisse ganz wichtige Beiträge für die Entwicklung eines Kindes sind, das sich seinen Platz in der Welt suchen will.

Der konstitutive Wert der Ehe

Gerade weil Familie überall dort ist, wo Kinder sind, spielt die Frage der langfristigen Stabilität einer Beziehung eine große Rolle. Hier muss die Politik wiederum Prinzipientreue und Pragmatismus verbinden. Die lebenslange Bindung von Partnern zur Gründung einer Familie und zum Aufziehen von Kindern ist auch für die kommenden Jahrzehnte das Bild von Familie, das Kindern vermittelt werden muss. Vertrauen in einer immer unübersichtlicher werdenden Welt entsteht in den ersten Jahren des Lebens ausschließlich im Umfeld der Familie. Wenn dort das Vertrauen zerstört wird, aus welchem Grund auch immer, kann man nicht erwarten, dass jedes Kind die Kraft hat, trotz dieser Erfahrungen den vollen Wert des Schutzraumes Familie und den vollen Wert der lebenslangen berechenbaren Stabilität zu erahnen und sich selbst zum Vorbild zu nehmen. Natürlich wird heute kein vernunftbegabter Politiker auf die Idee kommen, die Scheidung zu verbieten. Die Antwort auf die Frage, mit wem gemeinsam ein Mensch seinen Lebensweg gehen will, ist eine zutiefst private Entscheidung. Und sicherlich stellt es einen Fortschritt dar, wenn solche Entscheidungen heute oft nicht mehr von ökonomischen Bedingungen abhängig sind. Es kann gleichzeitig keine zufriedenstellende Lösung sein, so zu tun, als habe eine Scheidung keinerlei Konsequenzen für die betroffenen Kinder. Konservative sehen eine Verwirklichung des Eheversprechens und der verantwortlichen Elternschaft darin, wenn Eheleute sich auch dann noch einmal aufraffen, wenn es bereits nicht mehr aussichtsreich scheint. Diese Haltung hat besonders mit Blick auf die Kinder eine zutiefst verantwortungsethische Komponente und verdient den Respekt und die Anerkennung durch das soziale Umfeld. Mit der Ehe und der Gründung einer Familie ist auch ein moralischer Impetus und Anspruch verbunden. Wenn eine zu große Zahl der Gesellschaft diesem

Anspruch nicht mehr folgen will oder objektiv nicht kann, dann gibt es eben diese sichere Orientierung nicht mehr. Das hat dann Folgen für den Begriff der Treue, der immer hohler wird, und auch für den Begriff der Geborgenheit, der für Partner und Kinder unter einem permanenten großen Fragezeichen steht. Es kommt der Gesellschaft insgesamt zugute, wenn Konservative diese Dimension der Ehe und der Familie in Erinnerung rufen und fördern wollen – jedoch immer verbunden mit der Aussage, dass eine Trennung der Ehepartner eine zutiefst private Entscheidung ist, die zwar ehrlich bedauert, aber nicht kritisiert werden darf.

Die Ehe ist sehr wertvoll. Es würde unserer Gesellschaft besser gehen, wenn mehr Männer und Frauen sich irgendwann entschlössen, zu heiraten und bis zum Ende ihres Lebens in guten wie in schlechten Zeiten zusammenzuhalten. Ein solches Bekenntnis zur Ehe fehlt vielen Konservativen in Deutschland mit Blick auf die öffentlichen Debatten über den gesellschaftlichen Wertewandel. Wir sind klug beraten, mehr darüber zu sprechen, was uns wichtig und sinnvoll erscheint. Was passiert, wenn dieses Gespräch nicht ausreichend intensiv geführt wird, habe ich in der Einleitung zu diesem Kapitel anhand statistischer Daten schon dargestellt. Auch wenn „christlich" und „konservativ" nicht gleichgesetzt werden sollten, muss man konstatieren, dass die Zahl der Kirchenmitglieder und die Entscheidung zwischen Firmung, Konfirmation oder Jugendweihe doch ein relevantes Kriterium dafür sind, ob wir als Konservative eine Chance haben, unsere Werte zu vermitteln oder nicht. Uns Konservativen gelingt es anscheinend weniger als bisher, Ehe als etwas zu vermitteln, das konstitutiv für unsere Gesellschaft ist.

Anerkennung gleichgeschlechtlicher Partnerschaften

Es ist meines Erachtens ein Irrtum mancher konservativer Kreise, zu glauben, sie verteidigten die Familie als kleinste Zelle unserer Gesellschaft dadurch, dass sie besonders scharf jede rechtliche Anerkennung von gleichgeschlechtlichen Partnerschaften verhindern wollen. Bei dieser Debatte ist gegenseitige Abrüstung, eben „Maß und Mitte", dringend angesagt. Die entsprechende gesetzliche Regelung in Deutschland ist zum einen sehr viel weniger progressiv als etwa in Spanien („Öffnung der Ehe" für gleichgeschlechtliche Paare) und Frankreich (Einführung einer „weiteren Form der Ehe") und sieht zum anderen zu Recht keine Gleichstellung in vollem Umfang vor. Natürlich können Menschen gleichen Geschlechts lebenslang Verantwortung füreinander übernehmen. Diese Verantwortung sollte nicht nur zugestanden, sondern auch öffentlich anerkannt werden, etwa in Form einer amtlichen Registrierung und gleicher Möglichkeiten im Erbrecht. Gleichzeitig ist es geboten, von einer Gleichstellung mit Blick auf möglicherweise involvierte Kinder abzusehen. Es ist keine Verletzung der Lebensentwürfe von Homosexuellen, wenn auch in Zukunft Familien im Sinne unserer Ordnung aus Mann, Frau und Kindern bestehen. Nur diese Gemeinschaft sichert die Zukunft einer Gesellschaft, und diese Rolle in der natürlichen Ordnung ist der Grund für ihre Privilegien. So sollte es auch selbstverständlich bleiben, dass gleichgeschlechtliche Partnerschaften kein eigenständiges Adoptionsrecht erhalten, es sei denn, einer der Partner ist der leibliche Vater oder die leibliche Mutter des betroffenen Kindes. Der Staat fällt hier kein negatives Werturteil, sondern verwirklicht seine Grundentscheidung, die Geburt und die Erziehung von Kindern in seinem eigenen Interesse zu fördern.

Alleinerziehende unterstützen

Viel wichtiger als diese spezielle Frage, die zahlenmäßig auch keine entscheidende Rolle spielt, ist der Umgang mit alleinerziehenden Müttern und Vätern, die inzwischen eine wirklich große Gruppe in unserem Land darstellen. Das Statistische Bundesamt hat in seinem Mikrozensus 2009 festgestellt, dass 2009 fast jede fünfte Familie mit minderjährigen Kindern alleinerziehend war und die Tendenz steigend ist. Gab es 1996 noch 1,3 Millionen Alleinerziehende, waren es 2009 bereits 1,6 Millionen. Ganz überwiegend sind hiervon Frauen betroffen. Der Frauenanteil unter den Alleinerziehenden lag 2009 bei 90 %. Im Umkehrschluss heißt das: Nur jeder zehnte Alleinerziehende war ein Mann. Ob Frau oder Mann – sie leisten zugunsten ihrer Kinder oft Unvorstellbares. Deshalb haben sie auch und gerade von denjenigen, denen das Prinzip der lebenslangen Dauer der Ehe wichtig ist, größten Respekt und jede nur denkbare Unterstützung verdient. Dazu gehört zunächst, diesen Eltern in allen gesellschaftlichen Zusammenhängen das Gefühl zu geben, dass sie in ihrer besonderen Verantwortung respektiert und unterstützt werden. Man kann nicht ernsthaft vom christlichen Menschenbild ausgehen und dann das Scheitern einer Ehe zum persönlichen Nachteil des Partners oder gar der Kinder werden lassen. Neben den immateriellen Rahmenbedingungen müssen zugleich die Voraussetzungen dafür geschaffen werden, dass Alleinerziehende die Probleme bewältigen können. Das spielt besonders bei der Höhe der Unterhaltsleistungen eine Rolle. Glücklicherweise ist der Staat inzwischen auf dem Weg, mit aller gebotenen Härte diejenigen, die sich ihrer Unterhaltspflichten entziehen wollen (zumeist Väter), zu verfolgen. In einem Staatswesen, das von Freiheit und Eigenverantwortlichkeit geprägt ist, darf sich dieser Verantwortung niemand entziehen können. Zugleich müssen die Möglichkeiten von Erwerbstätigkeit und Betreuung gerade bei alleinerziehenden Müttern weiter verbessert werden. Bei der später an anderer Stelle zu erörternden Problematik der sozialen Grundsicherung hat mich schon vor Jahren besonders gestört, dass nach dem alten Recht der Sozialhilfe Frauen mit schulpflichtigen Kindern als im Arbeitsmarkt prinzipiell nicht vermittelbar galten. Diese Einschätzung machte alleinerziehende Frauen über Jahrzehnte zu Langzeitarbeitslosen und die Familien zu Empfängern staatlicher Sozialleistungen. Das ist unfair und unnötig zugleich. Gerade diese Frauen haben in dem dargestellten Sinn einen besonderen Anspruch darauf, dass sie Zugang zur Beschäftigung in einer mit der Erziehung der Kinder zu vereinbarenden Weise erhalten. Natürlich gilt dies, wahrscheinlich in Zukunft in zunehmendem Maße, auch für Väter, die bereit sind, nach der Scheidung die tägliche Verantwortung für die Kinder zu übernehmen.

Leistungsgerechte Behandlung von Familien

Konservative stehen für Leistungsgerechtigkeit ein. Die auch vom Bundesverfassungsgericht mehrfach eingeforderte Leistungsgerechtigkeit gegenüber Familien darf durch die Politik nicht missachtet werden. Konkret bedeutet das: Eltern zeugen und erziehen die nächste Generation einer Gesellschaft und leisten damit einen Beitrag für die Sozialsysteme, der den durch Erwerbsarbeit entstehenden Zahlungen aller Beitragszahler mindestens ebenbürtig ist und dementsprechend in vollem Umfang berücksichtigt werden muss. Es muss daher sichergestellt werden, dass den Familien aus ihrem selbsterwirtschafteten Einkommen nicht genommen wird, was sie im Gegensatz zu Kinderlosen für das Leben von Kindern aufwenden müssen. Für das Existenzminimum sorgen dabei Transferzahlungen wie etwa das Kindergeld. Ein solcher Ansatz missachtet nicht, dass die Gründung einer Familie ein privater Akt ist, beachtet jedoch zugleich, dass die Gründung und Erhaltung einer Familie von existentieller Bedeutung für unsere Gesellschaft ist. Die Zukunftssicherung durch die Kinder kommt auch den Menschen in unserem Land zugute, die – ob gewollt oder ungewollt – kinderlos geblieben sind. Es ist jedenfalls nicht gerecht, wenn die Kosten für Kinder privatisiert, aber ihre Beiträge für die Zukunftssicherung sozialisiert werden. Konservative Familienpolitik zielt auf die bereits im vorigen Kapitel erläuterte Chancengerechtigkeit für alle Kinder ab.

Die Finanzierung einer leistungsgerechten Familienpolitik hat heute viele Facetten. Längst geht es nicht mehr nur um Kindergeld und Kinderfreibetrag im Steuerrecht. Rund 120 Milliarden Euro, meint die Bundesregierung, werden für die Unterstützung von Familien ausgegeben. Das Subventionen großzügiger definierende Kieler Institut für Weltwirtschaft spricht sogar von 240 Milliarden Euro, was immerhin rund 10 % unseres Bruttoinlandsproduktes (Astrid Rosenschon, Finanzpolitische Maßnahmen zugunsten von Familien – Eine Bestandsaufnahme für Deutschland, Kieler Arbeitspapier 1273 vom April 2006) entspräche. Der Dschungel von Förderungen ist ein klassisches Beispiel des Molochs Staat, wie ihn jedenfalls Konservative nicht wollen. Er gängelt bis ins Detail, und am Ende weiß keiner mehr, welche Förderung welchen Sinn hatte. Förderung, auch großzügige Förderung, ist richtig, Gängelung ist falsch. Konkret heißt das: Im Laufe der Jahre müssen wir trotz Mehrkosten vom Ehegatten- zum Familiensplitting kommen und andere Subventionen an Familien dafür streichen. Das Elterngeld ist der richtige Weg, Angebote für die Vereinbarkeit von intensiver Kinderbetreuung und notwendigem Erwerbseinkommen zu machen. Ebenso wie die arbeitsrechtliche Verankerung der Erziehungs- und hoffentlich bald auch der Pflegejahre. Bei diesen Aufzählungen darf natürlich nicht vergessen werden, dass Betreuung von Kindern, wie wir sie in Zukunft brauchen werden, viele Milliarden auf der Seite der Kommunen erfordert, die von der Bundesebene auf die Landes- und Kommunalebene übertragen werden müssen. Die Maßnahmen wären dann auch ausreichend. Kinderbaugeld, Absetzbarkeit von Privatschulen und vieles mehr gehört dann in die private Verantwortung der Familie. Wenn Eltern tatsächlich von den oft minimalen Förderprogrammen ihre Entscheidung abhängig machen, obwohl sie nicht zu den staatlich unterstützten sozial Schwachen im Land gehören, sind grundsätzlichere Dinge falsch gelaufen als die Subventionspolitik.

So wird Familienpolitik tatsächlich zur Querschnittsaufgabe. Der Erfolg der Familienpolitik bemisst sich dabei nicht an der Höhe der Geburtenrate, nicht an der Anzahl erwerbstätiger Mütter, nicht an der Anzahl von Vätern in Elternzeit und auch nicht daran, in welchem Ausmaß staatliche Hilfsmaßnahmen in Anspruch genommen werden, sondern daran, inwieweit es ihr gelingt, Familie bei der Wahrnehmung ihrer genuinen Aufgaben nachhaltig zu fördern und Freiheit für Familien zu verwirklichen.

3. Streit um die Bildung

Die verunsicherte Bildungsnation

Wenn bisher über die Grundlagen der Gesellschaft, das Lebensrecht jedes Einzelnen und die Familie als Keimzelle gesprochen wurde, erfolgt nun der Sprung zu den Herausforderungen, die uns das Zusammenleben freier Individuen stellt. Kaum etwas löste in der deutschen Innenpolitik in den vergangenen 60 Jahren für so lange Dauer leidenschaftlichere Diskussionen aus, wie die Frage nach der Zukunft und Leistungsfähigkeit unseres Bildungssystems. Ich erinnere mich an die Diskussionen der 70er Jahre, die ich als Schulsprecher unseres Gymnasiums verfolgen konnte. Gerade im Land Hessen waren „integrierte Gesamtschulen" statt „gegliedertem Schulwesen" und „Rahmenrichtlinien" anstatt „Lehrplänen" Gegenstand einer Diskussion, die Wählerströme stark beeinflusste. Hätte die hessische CDU im Jahr 1987 – als ich im April erstmals in den Landtag einzog – die Landtagswahlen nicht gemeinsam mit der FDP gewonnen, wäre die Auflösung der Gymnasien im ganzen Land abschließend vollzogen worden. Wenn man die Mitgliederentwicklung der hessischen CDU in diesen Jahren betrachtet, erkennt man, wie groß der Einfluss dieser schulpolitischen Debatte auf die Motivation zum parteipolitischen Engagement in der Union war. Viele der neuen Mitglieder kamen aus der Initiative „Freie Schulwahl", die sich im Wesentlichen um die vollständige Erhaltung der traditionellen Gymnasien sorgte. Eltern, die ihre Kinder auf andere Schulformen schickten, waren dabei praktisch nicht betroffen. So alt diese Debatte einerseits erscheinen mag, so aktuell ist sie andererseits bis heute. Am 19. Juli 2010 fand in Hamburg ein Bürgerentscheid gegen die Verlängerung der gemeinsamen Grundschulzeit von vier auf sechs Jahren und gegen die faktische Auflösung der meisten Gymnasien durch sogenannte „Stadtteilschulen" statt. Die Eltern, die diese Initiative starteten, waren wiederum zumeist diejenigen, die für ihre Kinder eine traditionelle gymnasiale Bildung anstrebten. Allerdings waren diese Eltern zum Teil genau deswegen aus der CDU ausgetreten und kämpften gegen ein Gesetz, das der von der CDU gemeinsam mit den Grünen gebildete Senat vorgelegt hatte. Sind also die Eltern noch konservativ, aber die CDU ist es nicht mehr?

Dies ist nur die eine Entwicklungslinie. Seit der von Georg Picht in den frühen 60er Jahren angestoßenen Diskussion über die „deutsche Bildungskatstrophe" stehen auch die Fragen der angemessenen Personalausstattung der Schulen und die der „Bildungsgerechtigkeit" mitten im Licht der Öffentlichkeit. Die Frage der quantitativen Versorgung des Bildungssystems konnte vor dem Beginn der Diskussion über flächendeckende Ganztagsschulen als im Großen und Ganzen gelöst betrachtet werden. Die finanziellen Mittel für die Schulen in Hessen erhöhten sich von 2,35 Milliarden Euro 1999 auf 3,29 Milliarden Euro 2010. Der Unterrichtsausfall wurde in Hessen von 100.000 Wochenstunden auf Null reduziert.

Der Begriff „Bildungsgerechtigkeit" entwickelt sich nach dem Abflachen der quantitativen Herausforderung in diesen Jahren immer mehr zum Kernbegriff der politischen Debatte. Er ist Problembeschreibung und politischer Kampfbegriff zugleich. Ganz besonders diejenigen, die schon die Schulformdebatte immer nur als Grundlage einer fundamentalen Debatte über Gleichheit und Wahlfreiheit verstanden haben, versuchen jetzt, das gleiche Ziel über das Vehikel des Begriffes der Bildungsgerechtigkeit zu erreichen. So verwundert es nicht, dass die von dieser Seite zur Herstellung von Bildungsgerechtigkeit empfohlenen Maßnahmen weitestgehend identisch sind mit den alten Argumenten zum Streit über integrierte oder differenzierte Bildungssysteme. Die Forderung nach sechs Jahren Grundschule und fortgesetzter Binnendifferenzierung sind dafür die besten Beispiele.

Ebenfalls nicht zu unterschätzen ist die Fortsetzung der Diskussion über den Leistungsbegriff. Als ich zum Ministerpräsidenten Hessens gewählt wurde, hatte die rot-grüne Landesregierung zuvor alle denkbaren Instrumente der externen Evaluation beseitigt. Man muss dabei zudem einräumen, dass auch CDU- und CSU-Kultusminister jahrelang gegenüber der OECD verhindert hatten, dass eine hinreichende Zahl von Schulen bei den internationalen Wettbewerben untersucht wird. So konnten sie erreichen, dass ein Vergleich der Bundesländer unmöglich blieb. Diese gemeinsame Angst der Kultusminister ermöglichte erst den unentdeckten, schleichenden Verfall der Schülerleistungen in einem Bundesland wie Hessen.

Logischerweise führte das zu einer immer größer werdenden Beliebigkeit der Notengebung. Das wiederum beraubte die Note ihrer wichtigsten Funktion für den einzelnen Schüler: Sie soll ihm ja eine verlässliche Information über seinen Leistungsstand im Wettbewerb und im Vergleich mit Altersgenossen aller anderen Schulen zu geben. Es ging jetzt aber offensichtlich mehr um ausreichende Selbstentfaltung als um vergleichbare Leistungsstandards. In meiner Verantwortung haben wir genau diese Missstände abgestellt, und zwar mit der Einführung zentraler Abschlussarbeiten in den Abschlüssen für Hauptschulen, Realschulen und Abitur, in zentralen Mathematiktests in der 8. Klasse, mit zentralen Leistungsanalysen in der 3. Grundschulklasse sowie einheitlichen Sprachstandtests in der frühkindlichen Erziehung. Der Widerstand der Lehrer gegen diese Maßnahmen war zu erwarten. Schließlich erlauben und erzwingen diese Verfahren auch Rückschlüsse auf die Effektivität des jeweiligen Unterrichts. Zum Widerstand der Lehrer, aus gut zu verstehenden Gründen, gesellte sich die Gegnerschaft einer großen Zahl von Eltern, die in der Sorge lebten, zu scharfe Leistungsanforderungen gefährdeten die Aufstiegsziele, die sie für ihre Kinder gesteckt haben.

Am Ende der Debatte steht eine zutiefst verunsicherte Bildungsnation. Die Veröffentlichung der PISA-Studie hat ein Übriges getan, um dieser Verunsicherung auch noch eine statistische Begründung zu geben. Sie zeigte zwar die großen Leistungsunterschiede erstmals deutlich auf, zugleich zogen die schlechten Bundesländer aber den ganzen nationalen Durchschnitt so tief nach unten, dass Deutschland ein bildungspolitisches Verliererland wurde. Auf einmal waren die Schulen von Bremen bis Bayern schlecht. Die Tatsache, dass selbst nach dieser Studie die Bremer zwar ein echtes Problem haben, die Bayern aber zur europäischen Spitze gehören, nahm kaum noch jemand wahr. Diese Entwicklung besorgte wiederum ganz besonders die sogenannte Mittelklasse. Diese Aufsteiger der vergangenen Jahrzehnte sind auf Grund der Folgen der Globalisierung für die Arbeitswelt in Deutschland ohnehin in der Sorge, dass es ihren Kindern später einmal nicht so gut geht, wie es ihnen selbst heute geht. Umso kritischer schauen sie auf die Bewertung des gerade in ihren Augen so wichtigen Schulsystems. So viele Zweifel und Herausforderungen verträgt keine gesellschaftliche Gruppe, ganz bestimmt aber nicht das System Schule.

Politik für Schüler – was wirklich wichtig ist

Konservative Politik für Schüler muss den Anspruch behalten, aus diesem Wirrwarr von Fakten und Gefühlen das herauszufiltern, was wirklich wichtig ist. Verantwortungsvolle Politik muss vertrauensvolle Leitlinien auf der Basis des Bewährten erarbeiten und damit den vielen Verunsicherten eine Chance zur Orientierung geben. Was aber sind die wirklich bewährten Grundsätze der Bildungspolitik? Wo erfordert der Respekt vor den sich grundlegend verändernden Lebensumständen ein Umdenken? Das grundlegende Ziel bleibt unverrückbar. Alle Bildung dient der bestmöglichen Entfaltung der persönlichen Anlagen und Befähigungen eines jeden Einzelnen. Niemand darf sein Lerntempo drosseln, damit andere mitkommen, und niemand darf überfordert werden, nur damit er in einer bestimmten Gruppe bleibt.

Die Schulpolitik in Deutschland hat gegen beide Prinzipien oft verstoßen. Die immer wieder von linker Seite beabsichtigte Zerstörung des gegliederten Schulwesens ist bis zum heutigen Tag aktuell. Dabei haben sie es geschafft, dass auch Konservative zu sehr auf die akademische Bildung gestarrt und Menschen mit praktischer Begabung vernachlässigt haben. Praktisch begabte Menschen sind besonders oft besorgt, dass sie die sich schnell verändernde Welt nicht mehr verstehen. Sie suchen Halt bei denjenigen, die traditionelle Strukturen nicht leichtfertig aufgeben. Bildungspolitik mit Respekt vor unterschiedlichen Begabungen muss der praktischen Begabung neben der theoretischen Begabung wieder einen wirklich gleichberechtigten Stellenwert geben. In Hessen arbeiten wir jetzt seit einigen Jahren daran, eine eigenständige praktische Ausbildung wiederzugewinnen, die zukünftig in den Hauptschulzweigen der Mittelstufenschulen stattfinden soll. Ich erinnere mich an den Besuch einer der Pilotschulen für dieses Projekt, das wir „Schule und Beruf" (SchuB) genannt hatten. Es handelte sich um eine Haupt- und Realschule im Vogelsberg-Kreis. In dem speziellen Zweig der Hauptschule, in dem die Schüler ab der Klasse 7 mehr als 30 % der Unterrichtszeit in Betriebspraktika verbringen, waren an dieser Schule zunächst die Schüler beteiligt, die am meisten in Gefahr waren, den Hauptschulabschluss nicht zu erreichen. Ich war ziemlich verwundert, als der Schulleiter mir erklärte, dass praktisch alle Teilnehmer des Pilotversuches den Abschluss erhalten würden, 20 % der „normalen" Hauptschulabsolventen aber nicht. Mehr noch, die Chance, einen Ausbildungsplatz zu erhalten, sei für die Pilotteilnehmer mehr als fünf Mal höher im Vergleich zu den übrigen Hauptschülern. Was war geschehen? Das neue Projekt hatte den Respekt vor den praktischen Begabungen wieder hergestellt. Schüler konnten dem Korsett der Theorie entfliehen und begannen mit Freude Leistung zu zeigen und Erfolg zu haben. Schule verlor die Rolle des langweiligen Störenfrieds. Die Betriebe sahen junge Menschen, die mit Eifer an die Arbeit gingen. Unser Land wird auch in den kommenden Jahrzehnten diese Menschen brauchen, die mit Stolz ihre praktischen Stärken einbringen. Den Platz dieser Menschen zu verteidigen, ist konservativ und richtig.

Zukunftsfestes Gymnasium

Aktuelle Forschungsergebnisse belegen, dass das Gymnasium ein ausgezeichneter Ort für ein Bildungsangebot mit theoretischem Schwerpunkt ist. Interessanterweise gibt es bis heute keine nennenswerte wissenschaftliche Untersuchung, die von Vorteilen eines integrierten Schulsystems gegenüber dem gegliederten Schulwesen berichtet. Im Gegenteil ist es so, dass die deutsche Gesamtschule seit den 70er und 80er Jahren in allen einschlägigen Studien schlecht abgeschnitten hat. Besonders beeindruckend ist die Studie „Bildungsverläufe und psychosoziale Entwicklung im Jugendalter" (BIJU) des Max-Planck-Instituts für Bildungsforschung aus dem Jahr 1996. Diese hat etwa für Nordrhein-Westfalen als Hauptergebnis festgehalten, dass am Ende der 10. Klasse die Gesamtschüler in Mathematik im Vergleich mit Realschülern um zwei, im Vergleich mit Gymnasiasten um mehr als zwei Jahre zurücklagen – und das trotz einer Schülerklientel der Gesamtschule, die sich von dem der Realschule weder hinsichtlich sozialer Herkunft noch hinsichtlich intellektueller Fähigkeiten unterschieden hat. Gleichzeitig wurde festgestellt, dass die Gesamtschüler beim sozialen Lernen nicht mit den Schülern der anderen Schulformen mithalten konnten. Ebenso eindrucksvoll sind die Ergebnisse der Erhebung PISA 2006 beim Schwerpunkt Naturwissenschaften: Deutschland liegt dort mit 516 Punkten international auf Platz 8 und damit keineswegs auf einem schlechten Platz. Es liegt um 8 bzw. 10 Plätze vor den Gesamtschulländern Schweden (503) und Dänemark (496). Die deutsche Gesamtschule rangiert mit 477 Punkten um 48 Punkte (also gut ein Schuljahr) hinter der Realschule (525) und mit 121 Punkten (entsprechend drei Schuljahren) weit hinter den Gymnasien (598). Zudem sind Sachsen und Bayern als Länder ohne Gesamtschulen die einzigen deutschen Länder, die bei PISA ganz nahe an den Spitzenplatz von Finnland herankommen.

Vielleicht mag man von linker Seite den Konservativen unterstellen, sie wollten die Gymnasien als kleine Schulen für die Elite bewahren, was sie historisch sicher waren. Ein Blick auf die Realität zeigt: Das ist nichts als Verleumdung. Der gesellschaftliche Wandel hat die Zahl derjenigen, die heute erfolgreich ein Gymnasium besuchen können, dramatisch vergrößert. Dass heute nicht zehn oder 20 % eines Jahrgangs, sondern oft um und über 50 % eines Schülerjahrgangs das Gymnasium besuchen, ist uneingeschränkt zu begrüßen. Das gilt jedenfalls dann, wenn die größere Zahl der gymnasialen Schüler aufgrund von deren Bildungsfähigkeit und nicht aufgrund einer Absenkung des Leistungsprofils der Schulform zustande kommt.

Die sozialen Schichten, in denen ein Besuch des Gymnasiums im Elternhaus gewünscht und gefördert wird, haben sich mit dem wirtschaftlichen Erfolg der Bundesrepublik wesentlich verändert. Die Mittelschicht ist eben wesentlich stärker geworden, aus den klassischen Arbeitern sind oft die Angestellten der Dienstleistungsgesellschaft geworden und schon längst kommt kaum noch jemand auf die Idee, die Übung der 50er und 60er Jahre fortzusetzen, dass nur einer aus der Familie aufs Gymnasium darf – und zwar im Zweifel der Junge und eben nicht das Mädchen. Geschichten wie die des langjährigen Bundesarbeitsministers Norbert Blüm, der erst am Band bei Opel in Rüsselsheim stand, bevor er studierte und eine beeindruckende Karriere machte, sind eben heute deshalb so selten, weil so viele direkt ihren begabungsgerechten Weg zum Gymnasium finden. Diese sehr aufnahmebereiten Schüler finden im Gymnasium eine der besten theoretischen Ausbildungen der Welt. Jede prinzipielle Gefährdung dieses Ausbildungsganges schwächt unser Land. Gerade diese Schule muss sich den Bedingungen des akademischen Wettbewerbs der globalen Welt anpassen. Sie wird ihre weltweiten Erfolge in den kommenden Jahrzehnten nur wiederholen, wenn sie selbständiges Lernen, Kreativität und Teamfähigkeit zu ihren besonderen Stärken macht. Da gehören Konservative an die Spitze der Reformer zur Sicherung „ihrer Idee" des Gymnasiums. Reformpotentiale gibt es viele – und sehr konkrete: „Elektronische Tafeln" statt Kreidetafeln in den Klassen, selbständige Festlegung der Lerngeschwindigkeit der Schüler durch selbständiges Lernen mit Computerprogrammen, große Säle mit Computerarbeitsplätzen und kleine Lerngruppen mit guten Lehrern, erfahrene Könner aus der Praxis kommen mit in den Unterricht, Oberstufenschüler lernen Verantwortung durch Beteiligung am Unterricht der Jüngeren – bis dahin, dass die alte 45-Minuten-Stunde flexiblen Unterrichtsstrukturen weicht. Manche Lehrer werden die Revolution ausrufen, wenn konservative Reformer mit solchen Ideen loslegen.

In meiner politischen Arbeit bin ich keineswegs mit allen Schritten zu diesem modernen Gymnasium erfolgreich gewesen. Solange sich die prinzipienfeste und zukunftsorientierte hessische Kultusministerin Karin Wolff um mehr Lehrer, das Ende des Unterrichtsausfalls und die Verbesserung der Lehrmittelausstattung kümmerte, herrschte eitel Sonnenschein. Als die von mir oben erwähnten Reformen mit Leistungskontrollen, erhöhter Selbständigkeit oder sogar mit der Öffnung der Schulen für bürgerschaftliche Mitwirkung – etwa im Vertretungsunterricht – einhergehen sollten, begann auch der Widerstand. Da stand die Konservative auf einmal den verkrusteten Strukturen und einer in all den Diskussionen verängstigten Elternschaft gegenüber. Diese Herausforderung ist bis heute nicht bewältigt. Es ist ein Missverständnis zu glauben, konservative Politik zeichne sich dadurch aus, alles beim Alten zu lassen. Konservative Politik ist – wie ein Blick in die Geschichte zeigt – vielmehr nur erfolgreich, wenn sie die bewährten Strukturen erhält und in allen Details zugleich moderne Bedingungen schafft. Dass das nicht gesehen wurde, hat die Bildungspolitik Hessens für einige Jahre zwischen alle Fronten getrieben. So kam es für einige Zeit zu einer schwierig zu verkraftenden Allianz zwischen dem bürgerlichen Philologenverband und den linken Kräften, die genau wussten, warum sie diese Reformen für ein zukunftsfestes Gymnasium verhindern wollten. Dass in einer solchen Situation Eltern Angst vor der Bildungspolitik bekommen, ist nur allzu verständlich. Dennoch bleibe ich davon überzeugt, dass die Beibehaltung des Gymnasiums und seine entschlossene Erneuerung den Ansprüchen konservativer Politik am ehesten gerecht wird.

Herausforderung Bildungsgerechtigkeit

Doch noch einmal zurück zur Bildungsgerechtigkeit, die heute im Mittelpunkt der Diskussionen steht. Ich habe schon dargelegt, dass die hohen Übergangsquoten ins Gymnasium zeigen, wie viel sich verändert hat, und dass dies einhergeht mit einer Veränderung der unterschiedlichen Milieus unserer Gesellschaft. Und dennoch bleibt auch wahr, dass eine schichtenunabhängige Durchlässigkeit unseres Schulsystems nicht zufriedenstellend erreicht ist. Wenn aber Bildung der bestmöglichen Entfaltung der persönlichen Anlagen und Befähigungen eines jeden Einzelnen dienen muss, dürfen gerade Konservative die Herausforderung, die in diesem Befund liegt, nicht den Linken überlassen. Will man die Herausforderung annehmen, geht es zunächst um eine klare und in Teilen auch schmerzhafte Analyse.

Die gemessen am Einkommen und Bildungsstand der Eltern „untere Gesellschaftsschicht" ist größer geworden. Sie hat sich durch die beiden die Entwicklung prägenden Phänomene Langzeitarbeitslosigkeit und Migration grundlegend gewandelt. Die klassische Erwartung eines großen Teils der traditionellen Unterschicht, durch eigene Anstrengung zur Mittelschicht werden zu können, ist einem Zustand gewichen, in dem sich sehr viele in ihrer jetzigen Situation eingerichtet haben, oft einrichten mussten. Diese Entwicklung hat bedenkliche Konsequenzen im Bereich der Sozial- und Wirtschaftspolitik, die in anderen Kapiteln dieses Buches behandelt werden. Sie hat aber eben auch unmittelbare Konsequenzen für die Chancen eines Bildungsaufstiegs der nächsten Generation und damit der Verwirklichung des Zieles der Bildungsgerechtigkeit. Bei vielen Besuchen in Kindertageseinrichtungen und Grundschulen bin ich mit der Forderung konfrontiert worden, wir sollten als Land ein kostenloses Frühstück in den Schulen veranlassen, weil so viele Kinder in die Schule kämen, ohne dass ihre Eltern ihnen ein Frühstück zubereitet hätten. Ich habe das immer abgelehnt, weil ich der Überzeugung bin, dass der Staat nicht die ursprünglichen Funktionen der Familien übernehmen kann. Denn rechtzeitig aufstehen und ihrem Kind ein Brot schmieren und einen Kakao anbieten, können alle Eltern unabhängig von

Bildungsstand, Einkommen und ethnischem Hintergrund. Auch das ist durchaus eine spannende Stelle konservativer Orientierung. Wie weit kann und soll der Staat gehen, um individuell gleiche Lebensbedingungen und damit Startchancen herzustellen? Diejenigen, die glauben, sie könnten bei so dramatisch unterschiedlichen häuslichen Bedingungen durch frühzeitige und möglichst vollständige Betreuung alles ausbügeln, sind im Irrtum. Es gibt viele Möglichkeiten zu kompensatorischen Hilfen wie Sprachkurse, soziales Training, besondere pädagogische Betreuung; diese müssen genutzt werden, sie werden allerdings nicht zu auch nur annähernd gleichen Startchancen führen.

Bei all diesen Diskussionen darf es keine Verallgemeinerungen geben. Ich habe in meiner eigenen Umgebung und bei unzähligen Besuchen immer wieder erlebt, wie aufopferungsvoll und rührend Eltern, die erst vor kurzem nach Deutschland kamen, oder Eltern, die seit schier endlos langer Zeit keine Arbeit mehr gefunden haben, sich um ihre Kinder kümmern und deren Aufstieg geradezu zu ihrem Lebensziel machen. Das gilt etwa für Eltern mit Migrationshintergrund, die sich drei Abende in der Woche durch Deutschkurse quälen, und alleinerziehende Mütter, die für sich selbst buchstäblich auf alles verzichten, um ihren Kindern die Musikschule oder die Nachhilfe zu finanzieren. Ganz sicher ist diese Gruppe immer noch die Mehrheit, auch in der sogenannten Unterschicht. Diesen Kindern ergeht es besser. Ihre Chancen sind in jedem Fall größer als die derjenigen, denen die fehlende Verantwortung der Familie durch noch so teure und bemühte staatliche Betreuung ersetzt werden soll. Konservativ bedeutet in diesem Zusammenhang, bei aller sozialen Empathie die Grenzen staatlicher Leistungsfähigkeit und die unabänderliche Zukunftsverantwortung der Familie als kleinster Zelle der Gesellschaft zu respektieren. Der Staat überschätzt sich und missachtet die Rechte der Familien, wenn er etwa mit dem Frühstück in der Schule die Illusion zu wecken beginnt, er

könne Elternliebe und Aufopferungsbereitschaft, Elternverant-
wortung und Förderdrang ersetzen. Unterschiede, die hieraus
resultieren, können gemildert, müssen aber auch hingenom-
men werden. Wer die absolute Gleichheit der Startchancen
mit dem Anspruch auf Bildungsgerechtigkeit verwechselt,
kann den gesellschaftspolitischen Primat der eigenverantwortlichen Familie nicht aufrechterhalten. Dann aber entsteht die
staatlich geplante Kindheit, und es beginnt eine ernste Gefahr
für eine freiheitliche Gesellschaft.

Wer jedoch möglichst viele Begabungen, auch unter er-
schwerten Bedingungen, fördern will, der muss sich gerade
um die frühkindliche Bildung im Rahmen des beschriebenen
begrenzten Korridors der staatlichen Verantwortung mühen.
Auf diesen Aufgabenbereich haben wir in den letzten Jahrzehnten zu wenig Aufmerksamkeit und Geld verwandt. Es besteht Handlungsbedarf, und der wird zweifellos Einfluss auf
die schichtenspezifische Durchlässigkeit des Bildungssystems
haben.

Prioritäten: Vorschulische Bildung und freiwillige Ganztagsschule

Angesichts der finanziellen Engpässe, die uns im kommenden
Jahrzehnt begleiten werden, bedarf die Bildungspolitik der
Prioritätensetzung. Das wird nicht einfach, denn es ist eine bequeme Position geworden, zu sagen, Bildung brauche einfach
überall mehr Geld. Dieses Geld wird es nicht geben. Bildungspolitik wird formal dadurch privilegiert werden, dass keine no-
minalen Kürzungen erfolgen. Angesichts der hohen Personal-
kosten und deren stetiger Steigerung bedeutet dies dennoch
jährliche Kürzungen. Selbstverständlich besteht dafür auch
noch Spielraum. Öffentliche Schulen und Hochschulen sind
ineffizient organisiert, wie private Schulen und Hochschulen

immer wieder beweisen. Es darf daher nur zwei Prioritäten geben: nämlich die behutsame Einführung der flächendeckenden freiwilligen Ganztagsschule und die pädagogische Ausgestaltung der bisher vernachlässigten vorschulischen Bildung. Kleinere Klassen, mehr Entlastungen für Lehrer sowie aufwendige sonstige Betreuungsmodelle müssen und werden dahinter zurückstehen. Beide Prioritäten dienen den oben beschriebenen Zielen. Sie führen zu einer besseren Angleichung der Lern- und Entwicklungsmöglichkeiten jedes Einzelnen unter Ausschöpfung seiner Potentiale. In den letzten zehn Jahren wurde eine ausreichende Grundversorgung im Unterricht geschaffen. Die Voraussetzungen für eine effektive Leistungskontrolle bestehen heute ebenfalls weitgehend. Es kann also innerhalb der nächsten zehn Jahre – wenn wir uns auf die beiden weiteren Prioritäten konzentrieren – durchaus ein wettbewerbsfähiges, gerade auch konservativen Überzeugungen entsprechendes Schulwesen entstehen.

Beide Prioritäten der Bildungspolitik sind dabei nicht ohne bedenkenswerte Einwände von Seiten der Konservativen, ist es doch offensichtlich wieder ein Stück Verstaatlichung der kindlichen Entwicklung und Verschiebung der Verantwortung aus dem sehr persönlichen Raum der Familie in die Sphäre des Staates. Meine persönliche Anerkennung der beiden Prinzipien setzt daher voraus, dass das Prinzip der Freiwilligkeit aufrecht erhalten wird. Es gibt aus guten Gründen eine allgemeine Schulpflicht, die der Staat durchsetzen muss. Er darf dies jedoch nicht missbrauchen, um die gesellschaftspolitischen Ziele der Regierenden ohne Rücksicht auf die erstrangige Verantwortung der Familie durchzusetzen. Deshalb sind Kindergartenpflicht und flächendeckende verpflichtende Ganztagsschulen abzulehnen. Nun wird mancher den nicht ganz unberechtigten Einwand erheben, dass es Fälle gebe, in denen das Vorenthalten von vorschulischer Bildung oder ganztägiger Schule und Betreuung dem Kindeswohl widerspricht.

Das mag sein. Dies zu unterbinden ist im Einzelfall unter strengen rechtsstaatlichen Regeln die Aufgabe der Jugendhilfe, aber auch hier rechtfertigen – jedenfalls aus meiner Sicht – noch so eindrucksvolle Einzelfälle keinen allgemeinen staatlichen Verfügungsanspruch.

Ganz unabhängig von dieser Diskussion über Zwang werden in den kommenden Jahren diese Angebote zunehmend und bald sehr regelmäßig in Anspruch genommen werden. Dafür sprechen zwei Faktoren: einmal die weiter zunehmende Erwerbstätigkeit beider Elternteile, und dann auch die unbestreitbaren pädagogischen Chancen, die in beiden Einrichtungen zu sehen sind. Die Generation meiner Eltern sah im Kindergarten noch vornehmlich eine Einrichtung, um mit anderen Kindern soziales Verhalten einzuüben. Das ist natürlich auch heute noch richtig. Aber die Erkenntnisse der Hirnforschung zeigen uns eben auch, dass die frühere Angst vor einer „Verschulung" des Kindergartens auch viele Chancen verschüttet hat, die nur bis zum sechsten Lebensjahr bestehen. Ohne „Schule" werden zu müssen, sollte die Betreuung der Kinder bis zu diesem Alter besonderen pädagogischen Ansprüchen genügen und den Kindern alle Anreize geben, um ihr Gehirn zu trainieren und möglichst wenige potentielle Verbindungen im Gehirn absterben zu lassen, wie es bei einer Unterforderung irreversibel der Fall ist. Wir haben in Hessen gemeinsam mit dem Land Bayern als erste einen „Bildungs- und Erziehungsplan" für das erste bis zehnte Lebensjahr aufgestellt, um den nötigen Rahmen zu schaffen, damit unterschiedliche Erziehungseinrichtungen gemeinsam mit den Eltern in nachvollziehbaren Schritten diese Herausforderung angehen. Verbunden mit dem schon betonten Prinzip der Freiwilligkeit ist diese Entwicklung dann kein Angriff auf die Eigenverantwortlichkeit der Familie. Sie dient vielmehr der bestmöglichen Entfaltung der persönlichen Anlagen und Befähigungen eines jeden Einzelnen.

Noch wesentlich komplexer als die veränderten Herausforderungen im Bereich der frühkindlichen Bildung sind die Umstände bei der Entwicklung von Ganztagsschulen und ganztägiger Betreuung. Viele meiner ausländischen Gäste haben sich immer wieder gewundert, warum wir mit so großer Behutsamkeit an diese Veränderung unseres Bildungswesens herangehen. Jedoch ist selbst bei der Respektierung des schon erwähnten Prinzips der Freiwilligkeit die ganztägige Schule eine enorme zusätzliche finanzielle Kraftanstrengung und zugleich eine Bedrohung eines wichtigen Teiles unserer zivilgesellschaftlichen Kultur, nämlich unseres Vereinslebens. Bei letzterem sind wir wiederum bei einem zentralen Punkt konservativen Denkens. Unsere zivilgesellschaftliche Organisation in den Vereinen ist weltweit in ihrer Vielfalt und der Tiefe der Beteiligung einmalig. Sie ist zu einem zentralen Bestandteil des privaten Lebens unserer Bürger geworden. Im Bundesland Hessen gehören 35 % der Bürger über 16 Jahren einem Verein an. Das geht nur, wenn eine solche Tradition in der Jugendzeit zur Selbstverständlichkeit wird. Aber Kinder gehen nun einmal nachmittags zu den Vereinsstunden der Sportvereine, der Jugendfeuerwehren, der Pfadfinder und all der anderen Gruppen. Wenn Kinder bis um 16 Uhr in der Schule sind und möglicherweise dann noch Busfahrt und Hausaufgaben vor sich haben, drohen diese Traditionen zu sterben. Wir müssen deshalb das Bedürfnis nach ganztägiger Betreuung, die freie Entscheidung der Familien und die Aufrechterhaltung unserer Vereinstraditionen miteinander versöhnen. Diese Herausforderung ist in einem System der ganztägig betreuenden Schule am besten zu bewältigen. Wenn der Unterricht zum überwiegenden Teil am Vormittag konzentriert bleibt, bleibt die Wahlfreiheit erhalten. Wenn eine pädagogisch vernünftige Gestaltung der Nachmittage geplant wird, ist Platz für die Zusammenarbeit mit zahlreichen Vereinen, den Kirchen und auch weiteren engagierten Bürgern. So können die vielfältigen

Interessen der Kinder berücksichtigt werden, ohne dass ihre behutsame Integration in die Organisationen der Zivilgesellschaft verhindert würde. Besonders wichtig erscheint mir die Integration engagierter Bürger. Diese Mitwirkung am Projekt Bildung ist in vielen anderen Ländern der Welt selbstverständlich, bei uns jedoch häufig Gegenstand von Auseinandersetzungen. Lehrer und ihre Gewerkschaften, manchmal auch übervorsichtige Eltern, reden hier von einer „Entprofessionalisierung" der Schule und fordern, auch die Nachmittage ganz den Lehrern und Sozialpädagogen zu überlassen. Wir sollten die sich auf den ganzen Tag erweiternde Schule aber eben gerade nicht den „Profis" alleine überlassen. Schüler haben ein Anrecht darauf, nicht nur Lehrern und Sozialpädagogen zu begegnen. Die Integrationsarbeit eines fünfzigjährigen Facharbeiters als Übungsleiter für die Schularbeitsgemeinschaft des örtlichen Fußballclubs oder des jungen Kaplans in der für alle offenen Kommunionsstunde können oft mehr zur Integration der Kulturen beitragen oder Faszination und Prägung auslösen, als ein noch so bemühter Lehrer. Dabei sollte man diese Gruppen nicht gegeneinander ausspielen, sondern die große Kraft der Kombination wertschätzen. Und wenn zwanzig fitte Großmütter zwanzig noch nicht ausreichend integrierten Jugendlichen den Spaß am Lesen vermitteln, dann erreichen sie etwas, was das System Schule professionell niemals bereitstellen kann. Dieses Plädoyer für eine ganztägige Schule, die sich von der alten Ganztagsschule sehr unterscheidet, soll klassische Ganztagsschulen nicht ausschließen. Diese sollten jedenfalls in den Ballungsregionen als Alternativen angeboten werden können. Wenn sie allerdings zur Regel würden, wäre dies eine ernste und unnötige Gefahr für unsere Zivilgesellschaft. Und um die Bewahrung dieser Zivilgesellschaft geht es Konservativen ja zu Recht.

Bleibt hinzuzufügen, dass sowohl die frühkindliche Pädagogik, als auch die ganztägige Schule völlig neue Herausforderungen an die Mitarbeiter stellen. Die Schulleitungen werden mehr und mehr zum Management, in dem kaufmännische und juristische Kenntnisse gleichberechtigt neben die Pädagogik treten. Die Politik wird dem Rechnung tragen müssen: durch veränderte Ausbildung der Lehrer, spezielle Ausbildungen für Schulleitungen und Hinzuziehen von verantwortlichen kaufmännischen Mitarbeitern. Solche Veränderungen sind auch im System Schule ein Kulturwechsel. Ich bin zu der Einschätzung gekommen, dass hier nach wie vor Beharrungskräfte eine hohe Bedeutung haben. Konservative interpretieren das fälschlicherweise oft als Prinzipientreue. Das stelle ich aufgrund von Erfahrungen fest, die ich in über zehn Jahren enger Gemeinsamkeit mit der Schulverwaltung gewonnen habe. Auch hier wird es darum gehen, aus der konservativen Perspektive wichtige Ideen wie die der Wahlfreiheit und des Vereinslebens zu erhalten, aber dann auch mit voller Kraft moderne Bedingungen für eine Bildungslandschaft zu gestalten, die den gesellschaftlichen Herausforderungen Rechnung trägt. Für die Zeit nach meiner direkten politischen Verantwortung habe ich mir vorgenommen, als ziviler Bürger hier weiter zu arbeiten. In der „Deutschen Kinder- und Jugendstiftung GmbH" in Berlin, deren Stiftungsratsvorsitz ich im Sommer 2010 übernommen habe, arbeiten wir als Berater für die Prozesse ganztägigen Lernens für alle 16 deutschen Kultusministerien. Zielsetzung ist: veränderte Sichtweisen zu akzeptieren und ohne Statusangst neue Wege aufgeschlossen anzugehen. Dabei brauchen auch die Mitarbeiter des Systems Schule nur allzu oft den neutralen Blick von außen. Schulleitungen und Vereinsvorstände hatten bisher nur selten miteinander zu tun. Jetzt begegnen sie sich und benötigen Hilfe, um sich zu verstehen. Ich freue mich sehr, in den kommenden Jahren mit vielen engagierten Stiftungen und Partnern an diesem und vielen anderen wichtigen bildungspolitischen Projekten arbeiten zu können.

Erfolge werden wir allerdings nur erreichen, wenn wir die Herausforderungen der Migration bewältigen. Grundsätzliches zu diesem Thema wird an anderer Stelle zu sagen sein, aber Bildungspolitik ist heute zu stark Integrationspolitik, als dass man dieses Thema unerwähnt lassen dürfte. Hier ist der Staat mit seiner verbindlichen Härte gefragt. Ich erinnere mich noch sehr gut, wie zu Beginn meiner Regierungszeit um das Jahr 2000 noch die Vorstellung in den Köpfen vieler Pädagogen spukte, eine „multilinguale Grundschulklasse" sei eine kulturelle Bereicherung. Man konnte so schön gegen „Zwangsgermanisierung" kämpfen, wie es auch die Berliner Jugendrichterin Kirsten Heisig beschreibt (Das Ende der Geduld, Freiburg 2010, S. 85). Wir haben uns damals nicht beirren lassen. „Integration ist ein Vertrag auf Gegenseitigkeit", betont auch Heisig. Wer in die erste Klasse der Grundschule kommt, muss fließend Deutsch sprechen können! Wer es nicht kann, kommt in einen Sprachkurs, bis er es kann. Im Schuljahr 2009/2010 gab es in Hessen 929 sogenannte Vorlaufkurse, die Kinder im Kindergartenalter besuchen, wenn die vorherige Sprachstanderhebung ergeben hat, dass sie die Anforderungen nicht erfüllen. Weit über 90 % der Schüler können dann ausreichend Deutsch, wenn sie in die Schule kommen. Heute ist das Modell in ganz Deutschland übernommen, und es sind leider nicht nur Kinder aus Migrantenfamilien, sondern auch Kinder deutscher Herkunft. Aber diese wiederum Millionensummen verschlingenden Programme sind keine Dauerlösung. Der Staat muss von in Deutschland geborenen Kindern und ihren Eltern, die ja in aller Regel dauerhaft in Deutschland bleiben wollen, erwarten, dass ohne zusätzliche Unterstützung alle Kinder im sechsten Lebensjahr bei Kenntnis der deutschen Sprache, bei wichtigen Kulturtechniken und im Sozialverhalten ohne außergewöhnliche staatliche Unterstützungsmaßnahmen „normal schulfähig" sind. Dazu gehört, dass in Migrantenfamilien zu Hause mit den schulpflichtigen Kindern entweder Deutsch gesprochen wird oder dass sie zweisprachig aufwachsen, dass aber keinesfalls ausschließlich die jeweilige Fremdsprache gesprochen wird.

Vielleicht ist diese Erfahrung an der Schnittstelle von Integration und Bildung nicht der schlechteste Punkt, auch den Inhalt von schulischer Arbeit mit zu beleuchten. Natürlich haben formale Strukturen von Schulsystemen sehr viel mit Bildungsgerechtigkeit, Chancengerechtigkeit und Durchlässigkeit zu tun. Aber gerade die konservative Tradition hat immer sehr großen Wert auf die kulturvermittelnden und auch kulturprägenden Aspekte von Schule gelegt. Da geht es darum, dass Kinder lesen, schreiben und rechnen lernen. Es geht um die Allgemeinbildung, den Kanon unserer Literatur und der Naturwissenschaften. Es geht aber eben auch um die Sprachen. Müsste die abendländische Bildung die Gymnasiasten nicht immer noch den Platon im griechischen Urtext lesen und verstehen lassen? Oder ist es nicht in einer weiterführenden Schule mit fast der Hälfte junger Menschen aus Familien mit türkischem Hintergrund viel besser und klüger, die türkische Sprache in Wort und Schrift als zweite Fremdsprache schon früh zum Unterrichtsfach zu machen? Ja, es muss das Angebot in Latein und Griechisch im Gymnasium weiter geben, man muss diese Sprachen lernen können. Aber in einer Schulform, die heute von rund der Hälfte aller Schüler besucht wird, müssen es nicht alle können. Über den Streit zu diesem Thema haben aber die Kultusbürokratien und ihre Minister versäumt, Lehrer für die türkische Sprache auszubilden und einen entsprechenden Lehrplan aufzustellen. Das aber wäre ein wichtiger Beitrag zur Versöhnung der Kulturen in der Schule. Gleichzeitig könnten die betroffenen Kinder mit Stolz diesen Teil der mit ihren Familien erarbeiteten Leistung einbringen. Und wenn Kinder in deutscher Sprache in der Schule ihrer neuen Heimat den Respekt erfahren, auch die Sprache ihrer Eltern und Großeltern einbringen zu können, dann müsste das eigentlich auch Konservative freuen.

Autorität neu bewerten

Bei all diesen hier beispielhaft erläuterten Diskussionen ist in den letzen Jahrzehnten das Verhältnis von Erziehungsauftrag zu Bildungsauftrag immer mehr in ein Ungleichgewicht zu Lasten der Erziehungsaufgabe geraten. Natürlich kann Schule die Familie als Ort der Erziehung nicht ersetzen. Aber wahrscheinlich ist die staatliche Teilhabe an der Verantwortung zur Erziehung der Kinder lange Zeit so unterschätzt oder gar ignoriert worden, dass es heute größter Anstrengungen bedarf, eine ganze Lehrergeneration wieder mit dem nötigen Mut für diese Aufgabe zu versehen und ihnen auch gesellschaftliche Akzeptanz dafür zu verschaffen. Da ich selbst den Anfang der 70er Jahre des letzten Jahrhunderts als Schüler verbracht habe, bleibe ich betroffener Zeuge. Das „Antiautoritäre" galt als die richtige Konsequenz aus dem 1968 in Deutschland vollzogenen Bruch mit allem, was noch an die autoritäre Vergangenheit vor der Bundesrepublik erinnerte. In meiner Schule gab es Lehrer, die von den Schülern geduzt werden wollten, und auch solche, die sich bewusst möglichst wenig ihrem Alter gemäß kleideten, um sich auf diese Weise nicht mehr von den Schülern „abzuheben", eben sich mit ihnen zu „solidarisieren". Das Zerstören von Autoritäten und Autorität, die Diskreditierung der „alten" Tugenden wie Fleiß, Pünktlichkeit und Respekt war erfolgreich. Zurück blieben verunsicherte Schüler und nicht mehr respektierte Lehrer, insgesamt eine frustrierte Gemeinschaft voller Spannungen. Schon meine Generation ist in der Verantwortung als Eltern von der Masche des Antiautoritären nicht mehr wirklich beeindruckt gewesen. Schüler bewerten heute im Internet strenge Lehrer besser als diejenigen, die den Kumpel spielen wollen. Einer meiner Söhne erzählte mir in seiner Schulzeit vom Unterricht zweier Lehrer, der bei dem einen ruhig und geordnet sei und bei dem anderen nur dazu anrege, möglichst viel Chaos zu veranstalten und den Lehrer nicht zur Sache kommen zu lassen. Meine Frage, was denn der Unterschied für sein Verhalten bei den beiden Lehrern sei, beantwortete er mit lapidarer Selbstverständlichkeit: Derjenige, der Ordnung haben wolle, verteile Strafarbeiten, und dazu hätte keiner Lust. So einfach ist das. Mit dieser Erinnerung im Kopf habe ich viele Lehrkräfte, die mir von dem schwierigen Unterrichtsbeginn in unruhigen Klassen erzählten, gefragt, warum sie denn nicht einfach die Kinder zu Beginn aufstehen und höflich „Guten Morgen" sagen lassen. Erst seit ein paar Jahren ernte ich auf eine solche Frage nicht mehr verständnislose Blicke. Inzwischen bin ich in immer mehr Schulkassen gekommen, in denen diese Traditionen wieder galten und wo man auch die Lehrer schon an der Kleidung erkennen konnte. Diese sehr bürgerliche Einstellung von Erziehung muss die Schule leben. Schüler werden in einem qualifizierten Sinn nicht gebildet, wenn sie sich nicht benehmen können. Lehrer werden nicht erfolgreich sein, wenn ihre Schüler ihnen den Respekt versagen. Auch für Konservative sind viele der uralten Methoden der Erziehung vom Rohrstock bis zum Karzer, die man heute als Ausdruck „schwarzer Pädagogik" sieht, undenkbar. Sie waren wiederum auch nie das Prinzipielle, sondern nur eine heute überholte Ausprägung. Aber unverändert gelten, wenn es um die schulische Voraussetzung zum Heranwachsen von selbstverantwortlichen Staatsbürgern geht, folgende Grundsätze: Eine Gemeinschaft ohne Autorität zerfällt in der Regel. Die Würde des Menschen ist ganz konkret bei jedem Nächsten zu respektieren. Pünktlichkeit, Höflichkeit und im gebotenen

Maß auch Gehorsam müssen in der Schule erlernt und von der Schule auch durchgesetzt, d. h. Regelverstöße müssen geahndet werden.

Alle Bildung dient der bestmöglichen Entfaltung der persönlichen Anlagen und Befähigungen eines jedes Einzelnen, damit er seine Freiheit als selbstverantwortlicher Staatsbürger wahrnehmen kann. Dabei darf keine staatliche Vorgabe Menschen in eine bestimmte Entwicklung drängen. Maßstab für Bildung ist die individuelle Entwicklung, nicht die Einteilung in Kollektive. Diese Prinzipien prägen eine konservative Bildungspolitik. Diese Prinzipien dürfen nicht zur Abwehr von Reformen missbraucht werden. Aber wer Reformen durchsetzen will, die diesen Prinzipien nicht nachgewiesen gerecht werden, missbraucht eine Generation und zerstört Zukunft. Die Schule des 21. Jahrhunderts wird immer seltener nur ein Gebäude, sondern immer öfter ein weit in die Zivilgesellschaft geöffnetes Netzwerk sein. Aber in dieser Bildungslandschaft hat jedes einzelne Kind das Recht, genau das richtige Angebot zu erhalten, um mit allen Kräften, die es hat, zu einer reifen Persönlichkeit heranzuwachsen.

4. Kompass für die Wirtschaft

Freiheit und wirtschaftliche Dynamik

Wir leben in einer wirtschaftlich orientierten Welt. Der Erfolg eines Landes wird zunächst in Zahlen des Bruttoinlandsproduktes gemessen und nicht etwa an der Frage, wie glücklich die Menschen sind. Zum individuellen Glück wiederum gehört für die meisten Menschen, dass sie selbst oder mit ihnen verbundene Personen ihrer Familie wirtschaftlich erfolgreich sind. Gerade für viele Konservative ist die Fähigkeit zur erfolgreichen Teilnahme am Wirtschaftsleben der Maßstab, den sie an das Gelingen ihres Lebensentwurfes anlegen. So stellt sich aus der Perspektive eines konservativen Programms die Frage, wie denn eine Wirtschaftsordnung beschaffen sein muss, die dem Einzelnen eine möglichst große Chance zum Erfolg durch die individuelle Leistung gibt und gleichzeitig für soziale Balance und internationale Wettbewerbsfähigkeit sorgt. Konservative sind keine radikalen Marktwirtschaftler. Sie suchen den Ausgleich ökonomischer und sozialer Interessen mit dem Ziel einer stabilen Ordnung auf demokratischer Basis. In den so komplizierten wirtschaftlichen Zeiten ist der konservative Kompass für die Entscheidung, wo staatliche Gestaltung im Interesse des Gemeinwohls notwendig ist und wo andererseits staatliche Planung zu Ineffizienz, Unfreiheit und Wohlstandsverlust führt, von besonderer Bedeutung. Die Begriffe Freiheit und Würde des Menschen, Wohlstand und patriotische Gemeinschaft sind dabei ebenso die magnetischen Kräfte für die Kompassnadel, wie in jedem anderen Feld der Gesellschaft.

Adam Smith und David Ricardo sind Namen, die jedem Wirtschaftstheoretiker sofort einfallen, wenn es um die Grundprinzipien marktwirtschaftlicher Ordnungen geht. Die Wesenszüge aller dieser Überzeugungen sind das Vertrauen auf die ordnende kreative Kraft der Freiheit und der Respekt vor der Eigenverantwortlichkeit jedes Individuums. In der ersten Hälfte des vergangenen Jahrhunderts haben die heute so oft falsch vereinnahmten oder unkundig beschimpften „Neoliberalen" diese Prinzipien um eine soziale Dimension weiterentwickelt. Walter Eucken, Wilhelm Röpke und Alfred Müller-Armack sind dafür markante Namen der bekannten Freiburger Schule. Die von ihnen entwickelten ergänzenden prinzipiellen Elemente bezogen sich auf die Kontrolle der Macht und die soziale Balance.

Neoliberalismus war eine zeitgemäße Weiterentwicklung unter Beachtung von Menschenwürde und freiheitssichernder Machtteilung. Das, was in den Geschichtsbüchern unter Manchester-Kapitalismus beschrieben ist, führte nämlich nicht nur zu ungeheurer wirtschaftlicher Blüte, sondern auch zu Monopolen, die ihre Marktstellung skrupellos ausnutzten, und einem Heer verelendeter Arbeitnehmer in den durch die Industrialisierung angewachsenen Städten. Solche Strukturen zerstören nicht nur die Dynamik des wirtschaftlichen Prozesses. Sie sind vor allem in demokratischen Gesellschaften auch nicht überlebensfähig, denn eine Mehrheit wird sich einer solchen Lebensweise nicht freiwillig unterwerfen. Die Konsequenzen in einem solchen Fall sind nicht absehbar. Sie können zur demokratischen Beendigung marktwirtschaftlicher Strukturen oder aber zu einer Marktwirtschaft unter undemokratischen Bedingungen führen. Gedient ist den Menschen mit beidem nicht.

Schritte zu einer freien und sozialen Weltwirtschaftsordnung

Wenn wir heute in Deutschland über die Bedingungen der Fortentwicklung der Sozialen Marktwirtschaft auf einer internationalen Ebene sprechen, stehen wir wahrscheinlich zum zweiten Male vor der Herausforderung, eine freiheitliche Wirtschaftsordnung – diesmal auf einer globalen Ebene – zukunftsfähig zu machen. Viele Veränderungen kommen ins Blickfeld. Kapital-, Waren- und Informationsströme haben sich von politisch und wirtschaftlich homogenen Räumen abgekoppelt und bahnen sich global ihren Weg. International gesehen ist ein Stück des alten Manchester-Kapitalismus zurückgekehrt. Durchaus mit ähnlichen Folgen: Erhebliche wirtschaftliche Dynamik, aber auch unkontrollierte Machtstrukturen und soziale Ungleichgewichte, die zumindest demokratische Staaten so nicht hinnehmen können.

Aber genau hier kommt eine weitere neue Entwicklung hinzu. Im vergangenen Jahrhundert waren die erfolgreichen Wirtschaftsregionen die freiheitlich organisierten Staaten der Welt. Im realen Sozialismus waren die Armut und die ökonomische Unfähigkeit viel zu groß, so dass diese Staaten nicht viel mehr als Almosenempfänger der freien Welt sein konnten. Globalisierung und die wachsende Bedeutung einzelner Rohstoffe führen heute dazu, dass ein sehr erheblicher Teil von Markt und Kapital von staatsgesteuerten Einheiten aus Ländern ohne demokratische Basis kontrolliert wird.

Wer die Regeln einer sozialen Marktwirtschaft auf die internationale Ebene übertragen will, muss mit diesem neuen Phänomen fertig werden. Für die meisten Länder der Welt ist es eine revolutionäre Neuerung, für uns die Aufrechterhaltung der konservativen Grundsätze unserer erfolgreichen Ordnungspolitik. Das erfordert erhebliche Veränderungen im nationalen Recht, aber auch mutige und nicht immer konfliktfreie Schritte hin zu einer neuen Weltwirtschaftsordnung.

Diese kann nicht binnen weniger Jahre verwirklicht werden. Das darf jedoch kein Ausrede sein, jetzt notwendige Maßnahmen zu verzögern. Wechselseitige Zugangschancen zu Märkten, die heute nicht vorhanden sind, müssen hergestellt werden. Es geht darum, zwischen von wirtschaftlichen Interessen geleiteten Marktteilnehmern und solchen zu unterscheiden, die staatspolitische Ziele mit wirtschaftlicher Macht durchsetzen wollen. Es geht auch um die gleichberechtigten Zugänge zu Rohstoffen, frei von politischen Bedingungen, und die Schaffung eines Mindeststandards an internationaler Rechtssicherheit, ohne die globale Märkte mit freiem weltweitem Zugang zu geistigem Eigentum nicht existieren können.

Wenn auf diese Herausforderungen in absehbarer Zeit keine Antworten gefunden werden, wird der Ruf nach Abschottung von Märkten in den demokratisch organisierten Staaten immer lauter werden. Damit wäre allerdings das Ziel einer freien Wirtschaft auf globaler Ebene aufgegeben. Diese demokratischen Staaten könnten dann die doppelten Verlierer der Entwicklung sein. Zum einen verlieren sie ihre wirtschaftliche Dominanz auf den Weltmärkten und zum anderen werden sie von Wettbewerbern bedroht, die nach ganz anderen Regeln spielen, als freiheitlich verfasste Marktwirtschaften auf der Basis privaten Eigentums und rational durchschaubarer Zinsziele es gewohnt sind.

Um es weniger abstrakt zu beschreiben: Die Volksrepublik China hat mit ihren staatlich gelenkten Gesellschaften die Kupferproduktion Chiles über das Jahr 2020 hinaus nahezu vollständig aufgekauft. Weite Teile Afrikas sind im Augenblick Objekt einer solchen durch die chinesische Politik gesteuerten Aktion. Weder die Vereinigten Staaten noch Europa haben auf Grund ihrer freiheitlichen Verfassung irgendeine Chance, dem gleichgewichtig entgegenzutreten. Russland setzt seine Versorgungsmacht bei Öl und Gas heute schon als politische Waffe gegenüber seinen direkten Nachbarn ein. China und Russland zusammen haben inzwischen Handelsüberschüsse, mit denen sie alle deutschen Dax-Unternehmen in einem Jahr vollständig zu Marktpreisen übernehmen könnten. Chinas Zentralbank gebietet inzwischen über Devisenreserven von mehr als 2,4 Billionen Dollar.

Für Deutschland und Europa sind globalisierte offene Märkte unter den Bedingungen einer internationalen sozialen Marktwirtschaft eine riesige Chance. Die Menschen und die Wirtschaftsunternehmen in unserem Land brauchen aufgrund ihrer Leistungsfähigkeit niemanden auf der Welt zu fürchten und können sich über jeden freuen, der in der Welt genug Geld verdient, um sich unsere guten Produkte und Dienstleistungen leisten zu können. Aber wir müssen gerade als Deutsche aufpassen, dass wir nicht von den neuen mächtigen Mitspielern als naive Trottel betrachtet werden, die von marktwirtschaftlichen Regeln träumen, während diese Fakten schaffen.

Manche unserer Verhandlungspartner in den sich gerade entwickelnden Staaten werden uns darauf hinweisen, dass die Ausbeutung ihrer Rohstoffe und Arbeitskräfte in den vergangenen beiden Jahrhunderten unter Beteiligung der Europäer so edel und sozial verantwortungsvoll nun auch nicht gewesen sei. Das ist richtig. Wir werden das Selbstbewusstsein entwickeln müssen, trotz dieser geschichtlichen Verantwortung – teilweise auch Schuld – einzufordern, dass heute Regeln gefunden werden, die unsere Interessen am Erhalt unseres Wohlstandes angemessen berücksichtigen.

Die Grenzen staatlicher Wirtschaftspolitik

Dieses Plädoyer für eine moderne marktwirtschaftliche Ordnung auf der Basis der Gedanken, auf denen Ludwig Erhard das deutsche Wirtschaftswunder gestalten konnte, klingt in diesen Jahren für viele hohl. Sind doch einige zentrale Fragen aufgetaucht, die Konservative zweifeln und Gegner der marktwirtschaftlichen Freiheit jubilieren lassen. Einige davon müssen im Folgenden besprochen werden. Da stellt sich nach der aktuellen Wirtschafts- und Finanzkrise der letzten Jahre die Frage nach dem Einfluss des Staates und der Haftung des Steuerzahlers, da stellt sich angesichts der hohen Staatsdefizite die Frage, wie hoch der Anteil des Staates am zu verteilenden Volkseinkommen sein darf, und da stellt sich nicht zuletzt die Frage, was man eigentlich in dem so wichtigen Bereich der Finanzindustrie angesichts der dramatischen volkswirtschaftlichen Schäden, die die letzte Krise ausgelöst hat, gelernt hat.

Die von mir sehr geschätzte FAZ-Ressortchefin für Wirtschaft, Heike Göbel, hat mir im Zusammenhang mit den staatlichen Interventionen der Jahre 2008 und 2009 einen gewissen „Paternalismus" vorgehalten (FAZ vom 26.05.2010, S. 9: „Im Zweifel für den Staat"), der ihr und der FAZ-Wirtschaftsredaktion zutiefst zuwider ist. Daraus ist für die CDU ja auch durchaus eine Schwierigkeit entstanden, weil viele Wähler gerade des konservativen Klientels dieser Einschätzung von Frau Göbel zustimmen und deshalb die aktuelle Politik der CDU immer mehr für „sozialdemokratisiert" halten. Deshalb will ich an dieser Stelle erneut betonen, dass konservative Wirtschaftspolitik niemals eine Politik des „Laisser-faire" war. Der schon häufig angesprochene Respekt der Konservativen vor einer stabilen staatlichen Ordnung ist viel zu groß. Ich persönlich muss auch einräumen, dass mich der Vorwurf des Paternalismus eher ein klein wenig amüsiert und nicht bestürzt hatte. Er zeigt allerdings auch wieder einmal, dass nicht alle, denen die CDU jetzt vermeintlich zu links ist, Konservative sind. Nun geht es mir keineswegs um Bevormundung, wenn wir über marktwirtschaftliche Regeln sprechen. Zu den Erkenntnissen moderner Demokratien gehört auch, dass die Bürger vom Staat erwarten, dass er ihnen nicht aus Gründen ökonomischer Effizienz jedes Risiko zumutet. Die marktwirtschaftliche Freude am Verschwinden der schwächeren Unternehmen vom Markt zum Beispiel muss noch eine Beziehung haben zur Sorge um die existenzielle Bedrohung vieler Menschen, die in diesen Unternehmen Arbeit hatten. Wenn diese Rücksichtnahme nicht mehr besteht, werden die Bürger der demokratischen Gesellschaften eine aus ihrer Sicht gefährliche und inhumane Ordnung nicht dulden, und sie verletzen dabei keineswegs konservatives Denken. Dies alles ist in unserem Land auch im Prinzip längst akzeptiert. Unsere Wirtschafts- und Rechtsordnung kennt an vielen Stellen längst das Prinzip der zweiten Chance. So darf einem Arbeitnehmer nur verhaltensbedingt gekündigt werden, wenn er vorher verwarnt wurde. Genauso gibt es seit nunmehr 60 Jahren staatliche Bürgschaften für die Restrukturierung von Unternehmen, die vom Scheitern bedroht sind.

Die Opel-Krise als Modellfall

Für Bundeskanzlerin Angela Merkel und mich hat sich diese eher abstrakte Fragestellung in der sogenannten Opel-Krise ganz konkret entwickelt. Als das Unternehmen im Herbst 2008 erste Anzeichen von Schwierigkeiten zeigte, kam das für den Hessischen Ministerpräsidenten zunächst als ganz normaler Stützungsfall daher. Ich habe in den elf Jahren meiner Arbeit als Regierungschef gemeinsam mit meinen Wirtschafts- und Finanzministern Dutzende von Unternehmen in Schwierigkeiten begleitet. Heute gäbe es keine Leica-Kameras mehr, die Frankfurter Eintracht-Fußball AG wäre verschwunden, und auch die Frankfurter Rundschau, die mir journalistisch nie eine Freude war, wäre ohne die Hilfe des Landes Hessen längst Geschichte. Das sind nur die bekannten Namen. Von Hunderten weiteren nicht zu reden, die auch nie genannt werden wollten. Bei Opel stellte sich jedoch schnell heraus, dass die ganze Sache sehr viel komplizierter werden würde. Es handelte sich eben nicht um ein normales deutsches Unternehmen, sondern um eine sehr unselbstständige Tochter eines von der Insolvenz bedrohten amerikanischen Großkonzerns. Gleichzeitig stellte sich heraus, dass dieser Konzern aus steuerlichen Gründen in den vergangenen Jahren die europäischen Betriebe irrational und undurchschaubar organisiert hatte, so dass es bei jeder Sanierung zu größten Schwierigkeiten kommen musste. Es wurde schnell deutlich, dass das in Europa zuständige Management aufgrund der großen Abhängigkeit vom amerikanischen Mutterkonzern niemals mit vergleichbaren wirtschaftlichen Herausforderungen konfrontiert war. Die banale Frage, auf welches Konto denn eine staatliche Unterstützung überhaupt überwiesen werden könnte, war angesichts des internationalen Finanzierung-Pools über Monate nicht lösbar. Auch stellte sich schnell heraus, dass die ursprüngliche Anfrage nach einigen 100 Millionen staatlicher Bürgschaft angesichts der rapiden Verschlechterung der wirtschaftlichen Lage des Mutterkonzerns längst zu einer Frage nach Milliarden geworden war. Das lässt sich nicht mit einem Schulterzucken und dem Hinweis abtun, dann solle das Unternehmen eben in die Insolvenz gehen. Für den Ministerpräsidenten von Hessen ist diese Frage mit dem Schicksal von 16.000 direkt bei dem Unternehmen beschäftigten Mitarbeitern und einer sicherlich noch einmal so großen Zahl von Arbeitnehmern, die unmittelbar von der Entwicklung bei Opel abhängig sind, verbunden. Über 30.000 Arbeitsplätze in einem der industriellen Kerne der Region zu verlieren, muss für einen in den Kriterien der sozialen Marktwirtschaft – und eben nicht der reinen Marktwirtschaft – denkenden Politiker ein Albtraum sein und bleiben. Von den Beschäftigten von Opel in Deutschland arbeiteten 60 Prozent in Hessen, dennoch waren ihre Kollegen an den drei anderen Standorten Rheinland-Pfalz, Nordrhein-Westfalen und Thüringen ebenso betroffen.

Es war eine wichtige und richtige Entscheidung von Bundeskanzlerin Angela Merkel, diese geradezu symbolhafte Situation zu einer Angelegenheit des Bundes zu machen. Nicht zuletzt war schnell klar, dass die finanziellen Kosten für den Steuerzahler und die übrige deutsche Wirtschaft im Fall einer Insolvenz von Opel mindestens die Größenordnung der in Rede stehenden staatlichen Bürgschaften erreichen würde. Zudem war die sonst häufig mögliche Alternative, das Unternehmen nach einer Insolvenz weiterarbeiten zu lassen und auf neue Füße zu stellen, angesichts der Zersplitterung des Unternehmens in sieben europäischen Ländern mit jeweils unterschiedlichem Konkursrecht ausgeschlossen. Ich bekenne mich ausdrücklich dazu, dass ich es in dieser Situation für geboten hielt, mich als Politiker sehr direkt in die Rettungsbemühungen des Unternehmens einzuschalten. Für den damaligen Staatssekretär und heutigen Finanzminister Thomas Schäfer bedeutete die Koordination der betroffenen Bundesländer eine große Herausforderung, die er zur allgemeinen Anerkennung meisterte. Die Tatsache, dass die in diesen Tagen ihrem Höhepunkt zustrebende Finanzkrise es für ein Automobilunternehmen auf der ganzen Welt objektiv unmöglich machte, überhaupt eine Bank zu finden, die einen verbürgten Kredit finanzieren würde, zeigte bereits, dass ohne direkte staatliche Intervention keine Chance bestand.

In der Dienstvilla der Hessischen Landesregierung wurde dann, nach einer langen und verzweifelten Nacht im Gespräch mit Management und Banken, die Idee einer Investorenlösung geboren, basierend auf einer völligen Neuordnung von General Motors in Europa zu einem Unternehmen mit Sitz in Rüsselsheim/Hessen. Diese Strukturierung führte daraufhin mit dem entschlossenen Einsatz von Angela Merkel in den berühmt gewordenen langen Kanzleramts-Nächten zur Rettung von Opel. Ich weiß, dass dies auch heute noch viele, gerade in CDU und FDP, irritiert, aber als ich nach der entscheidenden Nacht im Kanzleramt morgens um drei Uhr mit meinen Kollegen vor die Presse trat, gehörte das trotz des aktuellen Ärgers über die abweichende Position des damaligen Wirtschaftsministers zu den Augenblicken in meinem Politikerleben, in denen ich ganz sicher war, dass meine Arbeit einen Sinn hat. Ich jedenfalls hätte keinem der über 100.000 betroffenen hessischen Bürger in ihren mehr als 30.000 hessischen Familien mehr in die Augen schauen wollen, wenn die Politik hier versagt hätte. Meinem hessischen FDP-Wirtschaftsminister Dieter Posch werden ich und viele andere ewig dankbar sein, dass er im Gegensatz zu anderen die Courage hatte, an diesen Verhandlungen teilzunehmen und das Ergebnis zu ermöglichen. Sein Veto allein hätte mich handlungsunfähig und die Menschen arbeitslos gemacht.

Opel ist heute auf dem Weg zu einer europäischen Aktiengesellschaft mit Sitz in Rüsselsheim, die rund 1,5 Milliarden Euro des staatlich verbürgten Überbrückungskredits sind mit Zinsen zurückgezahlt, das Unternehmen und die Menschen, die in ihm arbeiten, bekommen ihre zweite Chance. Dass sich im weiteren Verlauf der Sanierung der General Motors-Konzern angesichts der Dutzenden von amerikanischen Steuerzahlermilliarden am Ende schon wieder so stark fühlte, dass er alle Vereinbarungen mit deutschen Regierungsstellen brach, die Bundeskanzlerin düpierte und monatelange Verhandlungen – auch von mir – sinnlos machte, gehört zur Geschichte natürlich auch dazu und wird vergleichbare Rettungsoperationen in Zukunft nicht leichter machen. Dennoch werden sie in seltenen Einzelfällen immer wieder auftauchen.

Kurzfristig war übrigens eine relativ große Mehrheit der Bürger gegen die Rettung, vor allem weil sie glaubten, hier handele es sich um eine privilegierte Rettung, während in ihrem eigenen Leben bei den kleinen und mittelständischen Betrieben niemals der Staat helfen würde. Unabhängig davon, wie viele kleine und mittelständische Betriebe der Automobilzulieferindustrie tatsächlich von der Rettung profitiert haben, hoffe ich, dass wir mit den breit angelegten Förder- und Bürgschaftsprogrammen während der schweren Krise zumindest teilweise diesen Verdacht beseitigen konnten.

Das entscheidende Kriterium für solche Eingriffe in den Marktprozess zugunsten der sozialen Stabilität ist die Mitwirkung der Eigentümer. Auch hierfür ist Opel ein gutes Beispiel. Es galt der Grundsatz, den wir auch jedem Kleinunternehmer bei staatlicher Sanierungshilfe entgegenhalten: Entweder muss der Unternehmer auf mehr als die Hälfte seines Eigentums verzichten, oder er muss mehr als die Hälfte des für die Sanierung nötigen Geldes selbst aufbringen. So werden Freiheit, Verantwortung für unternehmerisches Handeln und staatliche Rahmenbedingungen für Rücksichtnahme auf Schicksale in der Erwerbsgesellschaft miteinander sinnvoll verbunden. Gerade diese Rücksichtnahme auf die Schicksale der Menschen macht dann auch den Anspruch des Staates auf ein patriotisches bürgerschaftliches Miteinander möglich. Bei allem Respekt vor der individuellen Verantwortung erwarten die Menschen in Not wenigstens den Versuch der Rücksichtnahme und nicht nur die technokratische Antwort, dass Insolvenzen zur Marktwirtschaft gehören. Die Erfahrungen mit den staatlichen Hilfsprogrammen der Jahre nach der Weltfinanzkrise stellen auch sicher, dass jede Unternehmensführung sich fürchten muss, von den politischen Prozessen einer solchen Hilfe, noch dazu in Wahlkampfzeiten, abhängig zu sein. Das ist aus meiner Sicht kein Kompliment für die Politik, aber dennoch eine nützliche Abschreckung, sich auch hier nicht zu sehr auf den Staat zu verlassen.

Schicksalsgemeinschaft Unternehmen

Zu der von mir angesprochenen gemeinschaftlichen Ordnung, zu der die Menschen sich bekennen, gehört nach meiner Überzeugung auch die Weiterentwicklung der partnerschaftlichen Zusammenarbeit von Arbeitgebern und Arbeitnehmern. Eine Gesellschaft in schwierigen Zeiten zusammenzuhalten bedeutet, Schicksalsgemeinschaften zu bilden. Die kleinste Schicksalsgemeinschaft und zugleich die wichtigste ist die Familie. Aber auch der Betrieb hat für Kapitaleigner und Arbeitnehmer die Stellung einer Schicksalsgemeinschaft. Deutschland hat im Vergleich mit nahezu allen Ländern der Welt die besten Rahmenbedingungen für diese betrieblichen Schicksalsgemeinschaften. Das beginnt bei den Instrumenten der betrieblichen Mitbestimmung, geht über die Tarifautonomie bis zur in der Welt immer noch sehr umstrittenen, in Deutschland aber nicht mehr wegzudenkenden Unternehmensmitbestimmung in paritätisch besetzten Aufsichtsräten bei Großunternehmen. Gerade die aktuelle Wirtschaftskrise und der neue Start der deutschen Wirtschaft zeigen die Erfolge. Ohne tariflich vereinbarte Rücksichtnahme durch betriebliche Absprachen in Krisenzeiten, ohne eine ein Jahrzehnt andauernde Lohnzurückhaltung, ohne den Verzicht der Arbeitgeber auf Massenentlassungen und ohne das extrem erfolgreiche Modell der Kurzarbeiter-Finanzierung durch den Staat wäre der industrielle Kern Deutschlands in dieser Krise nicht überlebensfähig gewesen. So aber startet Deutschland aus einer Position der Stärke in das beginnende Jahrzehnt, die erhoffen lässt, dass daraus auch wohlstandsmehrende Verteilungsspielräume für alle erwachsen.

Wenn ein solidarisches und patriotisches Band um die Arbeitsgesellschaft geknüpft bleiben soll, müssen allerdings Herausforderungen bewältigt werden. Die letzten Jahrzehnte haben dieses Band sehr strapaziert. Während es am Anfang des „Erhardschen Wirtschaftswunders" eine allgemeine Einschätzung war, wenn es der Wirtschaft gut gehe, dann gehe es auch jedem Einzelnen gut, besteht heute – nach der Finanzkrise ganz besonders – der Verdacht, dass es der Wirtschaft besonders gut geht, wenn sie auf die Menschen, gerade auch ihre Arbeitnehmer, keine Rücksicht nimmt. Das hat fatale Konsequenzen für die Loyalität der Arbeitnehmer zu ihren Unternehmen, aber auch für die Unterstützung einer wirtschaftsfördernden Politik. Es liegt im Interesse einer erfolgreichen Wirtschaftspolitik, dieses Band gemeinsamer Interessen wieder enger werden zu lassen. Gewinnabhängige Lohnbestandteile und eine Förderung der Vermögensbildung in Arbeitnehmerhand sind dafür geeignete Instrumente. In den Jahren seit der Jahrtausendwende ist hier in Zusammenarbeit zwischen verständigen Gewerkschaftsführern und Betriebsräten sowie kompromissbereiten Unternehmern viel geschehen. Die Flexibilität der Unternehmen ist heute beachtlich.

Flexibilität und Sicherheit

Die Arbeitnehmer bezahlen dafür einen erheblichen Preis in Form von Unsicherheit über die zukünftige Einkommensentwicklung. Konservative sagen traditionell: Bleibe in deinem „Dorf", gründe eine Familie, kümmere dich um deine Eltern und baue ein Haus. Heute werden immer mehr Arbeitsverhältnisse auf Zeit abgeschlossen, Arbeitszeitkonten machen Arbeit und monatliches Gehalt schwankend, und viele sind gezwungen, die Risiken der Zeitarbeit mit zu tragen. Auch hier sind Konservative nicht die Anwälte eines ungezügelten Marktes. Sicherheit des Arbeitnehmers und Flexibilitätsanforderungen der Wirtschaft sind gleichberechtigte Güter, und es ist die Aufgabe von staatlicher Rahmengebung und unternehmerischer Verantwortung, die beiden Ziele möglichst nahe zusammenzubringen. Dies erfordert von allen Seiten eine Menge an Pragmatismus, was für Konservative ja keine verabscheuenswürdige Tugend ist. Die notwendige Flexibilität schließt einen einheitlichen Mindestlohn aus, aber in Branchen, in denen aus welchen Gründen auch immer die Organisation der Arbeitnehmerinteressen nicht gelingt, können branchenbezogene Mindestlöhne im Einzelfall richtig sein. Pragmatische Lösungen gibt es in der organisierten Sozialpartnerschaft wie in der Politik nur dann, wenn die jeweiligen Führungen auch die Chance haben, vermeintlich oder zunächst auch tatsächlich Unpopuläres durchzusetzen. Dazu ist das deutsche System, das eine starke Gewerkschaft pro Großbetrieb zur Regel macht, wichtig und sollte schon wegen der außerordentlichen Erfolge der Verhandlungen der deutschen Sozialpartner fortgesetzt und nicht durch das Zulassen von immer mehr Splittergewerkschaften gefährdet werden. Freiheit bedeutet hier auch, dafür zu sorgen, dass nicht Egoismus jede verantwortliche Form der freien Aushandlung von Konfliktlösungen, die dann immer für alle gelten müssen, verhindert.

Damit diese Mechanismen auch in Zukunft funktionieren, müssen sie ergänzt werden. Arbeitnehmer haben ein Anrecht auf einen angemessenen Teil am Erfolg des Unternehmens. Traditionell sollen Löhne entsprechend dem Produktivitätsfortschritt und der Geldwertentwicklung angepasst werden. Dieses Modell ging von einer gradlinigen positiven Entwicklung der Wirtschaft aus. Heute wissen wir, dass das in einer globalen Wirtschaft nicht mehr gesichert ist. Also müssen zu fixen Lohnbestandteilen in Zukunft mit der Leistungsfähigkeit des Unternehmens zusammenhängende, variable Lohnbestandteile etabliert werden. Dabei handelt es sich um zusätzliche Gehaltsbestandteile und nicht um eine Kürzung der traditionellen Lohnhöhe. Ich persönlich finde den Weg einiger großer Unternehmen, Arbeitnehmer in einer vergleichbaren Form wie die Aktionäre, also gebunden an die

Höhe der Dividende, am Unternehmenserfolg zu beteiligen, sehr interessant. Dann entsteht jedenfalls zu einem Teil dieser Interessenausgleich zwischen Arbeit und Kapital, wie er für den Zusammenhalt einer Gesellschaft besonders wichtig ist. Dazu gehört mittelfristig auch ein besseres Angebot zur Beteiligung der Arbeitnehmer am Produktivvermögen auf freiwilliger Basis. Keiner sollte gezwungen werden, neben seinem Arbeitsplatzrisiko auch noch das Insolvenzrisiko seiner Firma zu tragen. Aber es gibt inzwischen Modelle der betrieblichen und überbetrieblichen Vermögensbeteiligung mit entsprechendem Insolvenzschutz, so dass man diese Projekte trotz mancher kollektiver Ängste von Arbeitgeberverbänden und Gewerkschaften angehen kann. Auch diese Frage hat etwas mit dem beschriebenen patriotischen Band zu tun. Unsere Gesellschaft muss zum „Wir" finden oder zurückfinden, dabei darf dieses „Wir" aber auch keine leere Floskel sein. Ob es um die Verantwortung für die wirtschaftliche Zukunft oder um die ehrenamtliche Mitgestaltung der Gesellschaft geht, alle müssen objektiv und subjektiv zum Erfolg der Gemeinschaft beitragen wollen und können, und sie müssen verstehen, wo ihr individueller Vorteil dabei liegt. Mir ist, nicht zuletzt wegen eigener Erfahrungen bei Tarifverhandlungen, klar, dass manche wegen der Vermischung von Interessen im Bereich der Sozialpartner Sorgen haben. Nach meiner Überzeugung kann nur diese Vermischung die Voraussetzung dafür bilden, dass eine Mehrheit die so erfolgreiche Soziale Marktwirtschaft weiter überzeugt trägt.

Älter werden bedeutet länger arbeiten

Auch die Debatte um die deutliche Erhöhung des Rentenalters auf 67 Jahre bis zum Jahr 2029 gehört zu den Themen, die über Spaltung oder Zusammengehörigkeit entscheiden. Niemand kann ja bestreiten, dass ein Volk, das glücklicherweise immer älter wird, die daraus entstehenden finanziellen Herausforderungen nur bestehen kann, wenn alle auf Dauer auch länger arbeiten. Aber die Bürger glauben auch hier nicht an die Übereinstimmung der abstrakten wirtschaftlichen Erfordernisse mit ihren eigenen Interessen. Die meisten befürchten, spätestens Anfang des sechsten Lebensjahrzehnts arbeitslos zu werden und damit die Anhebung des Rentenalters für sich nur als eine individuelle Rentenkürzung zu erleben. In der Realität wird die Verlängerung des Rentenalters in so kleinen Abschnitten realisiert, dass der weitere Teil unserer Probleme, nämlich die demographische Herausforderung aufgrund der viel zu niedrigen Geburtenrate, viel schneller seine Wirkung entfalten wird. Das heißt, wir werden einen so großen Arbeitskräftemangel haben, dass alle Betriebe von sich aus alles tun, um auch ältere Arbeitnehmer zu halten. Daraus muss eine wesentliche Veränderung der Arbeitswelt resultieren, die die Menschen jetzt zu Recht sehen wollen. Das bedeutet, dass es an den Unternehmen und den Sozialpartnern liegt, Arbeitsplätze neu zu gestalten, viel stärker die praktische Erfahrung der Älteren in der Ausbildung zu nutzen und moderne Formen der Arbeitszeitkonten, inklusive ihrer Insolvenz-Sicherheit, zu verwirklichen.

Was ändert die Weltfinanzkrise?

Mit diesen Schritten ist die so wünschenswerte Versöhnung von individueller Zukunftserwartung und Hoffnung auf Wirtschaftswachstum möglicherweise zu gestalten. Mit der Finanzkrise seit 2007 ist allerdings ein Stadium der Unzufriedenheit mit der Wirtschaftsordnung erreicht, das viel weitergehende Veränderungen, vor allem in der Finanzindustrie, unabdingbar macht. Wir erleben allerdings in der Debatte über die Konsequenzen aus der Finanzkrise auch wieder, dass die Quasi-Revolutionäre das ganze System in Frage stellen wollen, noch bevor es eine genaue Analyse gibt. Dabei unterschätze ich das Problem nicht, das derzeit gegeben ist. In der schweren Finanzkrise musste der Staat retten und regeln. Die Anhänger einer freiheitlichen Ordnung dürfen aber nicht zulassen, dass dies dazu führt, dass nach der Rettung, anstatt über Verantwortlichkeiten und Konsequenzen zu diskutieren, die Prinzipien in Frage gestellt werden. Man weiß nach diesen hektischen 24 Monaten von 2008 und 2009 nicht mehr ganz genau, was schlimmer ist: Die Hilflosigkeit derer, die an den Erfolg der Marktwirtschaft glauben wollen, oder das Triumphgeschrei derer, die schon immer den freien Kräften misstraut und der Staatswirtschaft das Wort geredet haben.

Die Idee der Sozialen Marktwirtschaft ist nicht der Grund für das Desaster der Weltfinanzindustrie. Im Gegenteil, selbst mit solchen Krisen wird eine dezentrale marktwirtschaftliche Ordnung noch besser fertig als jede staatszentrierte Planwirtschaft. Der kollektive Kollaps der Staatswirtschaften des Ostens liegt zwar schon zwanzig Jahre zurück, aber er hat zumindest den Mythos zerstört, staatliche Lenkung führe zu Wohlstand und Stabilität. Und dennoch, wenn die von der Marktwirtschaft Überzeugten nicht aufpassen und um die Erklärungs- und Begriffshoheit kämpfen, dann kann diese Krise unsere Gesellschaft mehr verändern als alle Umwälzungen der vergangenen Jahrzehnte. Denn erstmals stellt sich die Frage der Legitimität und Funktionsfähigkeit marktwirtschaftlicher Steuerungssysteme vor einem wirklich globalen Hintergrund. Also muss wieder über deren Legitimität und Funktionsfähigkeit gesprochen werden. Dabei tragen die Anhänger einer freiheitlichen Wirtschaftsordnung die Verantwortung dafür, dass klar unterschieden wird zwischen den unbestreitbaren Fehlentwicklungen im Einzelnen und der prinzipiellen Richtigkeit der Grundsätze unserer Ordnung.

Eine klassisch konservative Aufgabe also. Die Gegner der Freiheit, auch in den linken Parteien Deutschlands, werden das Gegenteil versuchen.

Wettbewerb von Gier und Angst

„Gier und Angst" seien die Steuerungsmechanismen der Finanzmärkte, lasen wir in den Zeitungen, vom Wirtschaftsteil bis ins Feuilleton. Das ist also in der volkstümlichen Übersetzung aus dem makroökonomischen Grundsatz geworden, dass der Zins die Investition steuert. Kein Zweifel, die Akteure der Finanzindustrie sind mehr und mehr im wahrsten Sinne des Wortes unverantwortlich geworden. Sicherlich kann und darf man den Normalverdiener bei der Anlage seiner Spargroschen nicht mit den Hedge-Fonds dieser Tage vergleichen. Dennoch gilt: Auch jeder von uns ist dankbar, wenn er von dem einen Anbieter einen höheren Zins erhält als von einem anderen.

Wer Geld für riskante Geschäfte haben will, muss mehr bezahlen als für relativ sichere Investitionen. Ideen, die sich wirtschaftlich nicht rechnen, sollten keine Investoren finden. Kein Einzelner kann entscheiden, was wirklich eine gute oder eine schlechte Investition ist – übrigens schon gar nicht der Staat –, deshalb braucht der Markt möglichst viele Teilnehmer, um das Risiko des Irrtums gering zu halten. Zugleich hat jeder die Chance, seine Ideen anzubieten und um Kredit zu werben. Ideen werden nicht zugeteilt, sondern sie entstehen. Die guten setzen sich durch, und die schlechten gehen unter. Die einen wollen mit ihren Ideen möglichst viel verdienen, die anderen wollen möglichst viel Geld dafür erhalten, dass sie mit ihrem Geld die Verwirklichung dieser Ideen erst ermöglichen. Ohne Streben nach Gewinn legen sich alle schlafen und warten auf das staatliche Versorgungspaket. An diesen Grundsätzen ist immer noch alles richtig. Das ist nicht Gier, sondern die Basis jeder marktwirtschaftlichen Ordnung.

Zugleich will niemand sein Geld verlieren. Menschen mit Ideen können sich ruinieren, wenn sie Kredite nicht zurückzahlen; und Kreditgeber können schnell sehr arm werden, wenn sie die Risiken ihrer Kredite falsch eingeschätzt haben. In diesem Sinne sind übrigens auch Aktionäre eher Kreditgeber als Unternehmer. Jeder, der eine Idee verwirklicht oder finanziert, muss berechnen, was das Risiko für ihn bedeutet, seine Investition zu verlieren. Nur deshalb verwirft er Ideen und zahlt oder verlangt hohe Risikoprämien. Das kann man auch Angst nennen. Ohne diese „Angst" verliert der Markt jede Vernunft. Warum das alles? Ist dieses Spiel des Marktes legitim? Hat sich da jemand eine wirtschaftliche Version des Russischen Roulettes ausgedacht? Auf diese Fragen sollte nur eine Antwort akzeptiert werden, die über die Hektik des Tages hinaus zu den Prinzipien zurückkehrt, nach denen wir zusammenleben wollen. Zugleich sollten wir das Prinzip der „Angst" zum Instrument der Regulierung machen. Nach meiner Auffassung gehört zu den wichtigsten Veränderungen, die die internationale Gemeinschaft in der Finanzindustrie erreichen muss, der Grundsatz, dass die Akteure selbst an der „Angst" teilhaben müssen. Übersetzt heißt das, Geschäfte müssen mit deutlich mehr Eigenkapital unterlegt werden, und die Erfinder von Produkten müssen am Erfolg oder Misserfolg mit einem bestimmten Mindestanteil beteiligt bleiben.

Gescheitert sind die Regeln, nicht die Idee des freien Markts

Vordenker der Marktwirtschaft wie Adam Smith oder David Ricardo entwickelten ihre Theorien in Zeiten einer beginnenden Unsicherheit. Nicht Globalisierung war der Anlass, sondern die beginnende Arbeitsteilung der Industrialisierung, aber grundsätzlich gelten die damaligen Einsichten auch in der Globalisierungsdebatte. Wenn Menschen sich nicht mehr autark oder in kleinen Gemeinschaften versorgen, sondern Handel treiben und sich spezialisieren, muss ein Mechanismus gefunden werden, der regelt, wer von wem was für welche Leistung bekommt. Der eine braucht Schrauben für seine Maschinen, der andere Nahrung, noch ein anderer Transportkapazität, und alle brauchen sie Geld. Wer den Menschen als ein freies, eigenverantwortliches Individuum ansieht, kann niemals akzeptieren, dass alles, was für eine solche Wirtschaft nötig ist, von einer hohen Instanz – dem Staat – zugeteilt wird und alle Ideen und alle Anstrengungen von den Zuteilungen dieser hohen Instanz abhängen. Das wäre das Ende der Freiheit. Der real existierende Sozialismus hat bewiesen, dass die Zuteilung nicht funktioniert, dass sie nur Armut notdürftig verwalten und niemals Wohlstand schaffen kann.

Das System der Freiheit entspricht nicht nur unserem Bild vom Menschen, sondern es funktioniert auch. Das vermeintliche Chaos, in dem jeder verkauft, was er will, jeder bestellt, was er will, und die Frage, ob man sich einigt, vom Preis abhängt, hat sich bewährt – und zwar unabhängig davon, ob es sich um Schrauben, Transportraum oder eben Geld handelt. Freiheit und Wohlstandsperspektive sind die Legitimation der Marktwirtschaft. Wer sie aus welchen Gründen auch immer angreift, muss das wissen. Für Oskar Lafontaine und seine sozialistisch-kommunistischen Gesinnungsfreunde, aber auch für viele bei SPD und Grünen, ist das kein Problem. Freiheit steht für sie keineswegs so im Mittelpunkt, wie das für Konservative und Liberale der Fall ist. Über die linke Staatsgläubigkeit kann man nach den Erfahrungen des 20. Jahrhunderts nur staunen und erschrecken. Vielleicht wird mancher Leser jetzt allmählich ungeduldig. Haben diese hehren Prinzipien nicht allesamt versagt? Reden wir nicht gerade über eine vom Finanzmarkt ausgelöste Weltwirtschaftskrise? Greift die „hohe

Instanz" Staat nicht gerade in atemberaubender Weise in die Freiheit der Wirtschaft ein? Ja, haben wir es nicht gerade dem Staat zu verdanken, dass das Schlimmste verhindert wurde? Die Antwort auf diese provozierend klingenden Fragen ist prinzipiell ganz einfach: Da an diesem chaotischen Markt nicht nur wenige Eingeweihte beteiligt sind, sondern Millionen von Individuen, die sich nicht kennen, nicht wissen, ob sie sich vertrauen können, werden Regeln benötigt. Diese Regeln entscheiden nicht über Geschäfte, aber sie entscheiden darüber, auf was man sich bei einem Geschäft verlassen können muss. Für die Finanzindustrie der globalen Welt sind die bisherigen Regeln nicht ausreichend. Gescheitert sind die Regeln, gescheitert ist nicht die Idee des Marktes. Für die Regeln ist am Ende einer langen Kette der Staat zuständig, und gerade Konservative wollen an dieser Stelle einen bewusst starken Staat, der seine ordnende Verantwortung auch mit der nötigen Kraft wahrnehmen kann.

Der Eingriff des Staates ist eben nicht vor allem deshalb legitim, weil sich Einzelne fehlerhaft verhalten haben. Die Staaten der freien Welt haben selbst Fehler gemacht; sie baden nicht nur die Fehler anderer aus. Von den schlechten Regeln haben viele profitiert, die beim Einsatz des gesunden Menschenverstandes das böse Ende hätten sehen können. Über sie empören sich die Bürger zu Recht, und sie müssen jetzt zur Rechenschaft gezogen werden. Ordnungen, die dem Einzelnen die Freiheit zur Entscheidung geben, müssen mit der Unzulänglichkeit des Einzelnen und seiner möglichen Unvernunft fertig werden. Und es gibt immer wieder neue Verführungen der Freiheit, die dem Einzelnen vermeintlich nützen, der Gesellschaft aber schaden. Wenn geliehenes Geld nichts mehr kostet, leiht mancher sich zu viel Geld, obwohl er es nicht mit Sicherheit zurückzahlen kann. Wer kein Geld für ein Haus hat und bei dem dafür nötigen Kredit auch noch das Geld für ein Auto geliehen bekommt, fängt an, auf zu großem Fuß zu leben. Staaten, die die Erfahrung machen, sich geradezu beliebig viel Geld zu günstigen Zinsen leihen zu können, ohne ihren Bürgern einen wirklichen Sparkurs erklären zu müssen, machen das ebenso. Zu allem Überfluss werden sie von den Gläubigern dann nur „weich" geprüft, weil es ja Staatsanleihen sind. Und wenn eine Bank ein bestimmtes Risiko nur eine juristische Sekunde lang in den Büchern hat und es dann schon wieder vergessen kann, verkommt die Kultur des Risikos, von dem die Marktwirtschaft auch lebt.

Zu dieser Kategorie der Fehlentwicklungen gehören auch ins Utopische wachsende Renditephantasien, die dann auch noch als Boni auf den Konten mancher Bankangestellten angekommen sind. Mit diesem Phänomen der Maßlosigkeit werden wir uns übrigens nicht nur in der Finanzindustrie, sondern auch in der sogenannten Realwirtschaft befassen müssen. Auch in Deutschland sind Unternehmen von Kapitalinvestoren zu Renditevorstellungen erworben und bei Finanzinstituten refinanziert worden, die jedes vernünftige Maß überschreiten. Ein durchschnittliches Handels- oder Industrieunternehmen kann eben nicht eine Rendite von jährlich 20 % und mehr auf das eingesetzte Kapital verdienen. Es muss jetzt darauf geachtet werden, dass Kapitalinvestoren die Verantwortung für solche Fehleinschätzungen übernehmen, indem sie zu einer deutlichen Verlängerung ihres Engagements bereit sind und nicht versuchen, einen für Betrieb und Arbeitnehmer unvertretbaren renditegetriebenen Kostendruck zu erzeugen. Angesichts der Tatsache, dass nach den Angaben der Rating-Agentur Standard & Poors allein in der europäischen Private-Equity-Industrie bis zum Jahr 2017 Umschuldungen in Höhe von gut 500 Milliarden Euro anstehen, darf dieses Thema nicht aus den Augen verloren werden. Die Verantwortlichen für diese Fehlentwicklung werden jetzt in der Öffentlichkeit heftig gescholten; je höher ihr Einkommen, desto lauter das „Richtig so!" Marktwirtschaft ist eben nicht nur Zins. Marktwirtschaft nach dem hier beschriebenen konservativen Verständnis ist auch Vernunft, Verantwortung, Ethik und Demut. Die arroganten Vertreter des Marktes, die das vergessen hatten, bangen zu Recht um ihren Arbeitsplatz. Aber deshalb unser aller Freiheit aufzugeben, wäre die falsche Konsequenz. In der Sozialen Marktwirtschaft können wir vom Staat erwarten, dass er Regeln vorgibt, damit das Leben trotz der Unvernunft Einzelner nicht chaotisch und existenzgefährdend wird. Deshalb dürfen wir bei allem Ärger nicht die Freiheit abschaffen, sondern wir müssen die Regeln ändern. Viel ist seit den Tagen der Weltfinanzkrise richtig gemacht worden. Banken dürfen keine Geschäfte außerhalb der Bilanz machen. Risiken dürfen nicht bis zur Unerkennbarkeit vermischt werden. Der Zins darf nicht so billig werden, dass er nicht mehr steuert. Händler der Banken müssen an längerfristigen Erfolgen gemessen werden. Diese und einige weitere Korrekturen bringen Freiheit wieder mit Verantwortung zusammen und schaffen die Transparenz, ohne die es eine funktionierende Marktwirtschaft nicht gibt.

Der Staat als Katastrophenschützer

Der Staat war mehr als zwei Jahre als Katastrophenschützer tätig, und das Wort Katastrophe ist dabei wörtlich zu nehmen. Ein nachhaltiges Übergreifen der Finanzkrise auf die Realwirtschaft hätte zu Unternehmenspleiten, Millionen von Arbeitslosen allein in Deutschland und zu einem Zerfall des staatlichen Steueraufkommens mit allen Folgen für die Stabilität einer modernen Demokratie geführt. In dieser Lage kann nur der Staat den Rückweg zu einem funktionierenden Markt ebnen. Das ist keine antimarktwirtschaftliche Anmaßung, sondern seine marktwirtschaftliche Pflicht.

Vieles spricht in diesen Tagen dafür, dass die Operation nach dem Umschiffen einiger schwieriger Klippen gelingen wird und am Ende auch keineswegs unvertretbar teuer ist. Die oft geschmähte Politik ist jetzt unentbehrlich. Dass sich diese Erkenntnis durchgesetzt hat, lässt hoffen, dass manches selbstgerechte und gegenüber der Politik und ihren Akteuren gelegentlich auch verächtliche Wort aus der Führung einiger Wirtschaftsunternehmen so nicht mehr gesagt wird. Manche in der Wirtschaft begreifen in diesen Tagen, wie sehr auch sie auf starke und entschlussfähige politische Akteure angewiesen sind. Ein durchaus positiver Nebeneffekt.

Und hier schließt sich auch der Kreis der Gefahren für die Freiheit. Das Gefühl der Unentbehrlichkeit darf bei den staatlichen Institutionen nicht dominant werden. Das im Herbst 2008 binnen einer Woche beschlossene „Eilgesetz" zur Finanzkrise ist die schärfste Waffe seit der Währungsreform. Der Staat kann sich zwangsweise zum Miteigentümer jeder Bank oder Versicherung machen, er kann Geschäftsmodelle vorgeben, Fusionen erzwingen und vieles mehr. Der Einfluss auf die Managergehälter ist dabei eher ein öffentlichkeitswirksamer Nebenschauplatz. Gegen all das gibt es keinen wirklich wirksamen Rechtsschutz. Wer in Not ist und nicht gehorcht, verschwindet vom Markt. Hier verantwortlich und demütig zu agieren, wird auch auf der staatlichen Seite nicht jedem leichtfallen. Was hätte man nicht schon immer gerne einmal regeln wollen! Solche Überheblichkeit zerstört unsere freiheitliche Ordnung. Wie in jeder Katastrophe darf der Staat retten, aufräumen, wiederaufbauen. Dann aber muss er wieder heraus aus den wirtschaftlichen Prozessen des Tages und zurück in die Schranken des Regelwerkes. Bei der Klärung der Frage, wer von wem wofür welchen Preis verlangt, wird der Staat nicht gebraucht, ja, er versteht davon nichts. Andernfalls würde die Katastrophe zum Prinzip. Es gäbe immer neue Argumente gegen die Freiheit des Einzelnen, die Ordnung des Marktes könnte keinen Wohlstand mehr sichern oder mehren – und zum Schluss würden alle immer mehr nach dem

Staat rufen. In der Vergangenheit haben viele Völker der Welt Gelegenheit gehabt, Ordnungsformen der Gesellschaft und Wirtschaft zu erproben. Alle Wege endeten in Systemen der Marktwirtschaft, weil ihre Effizienz alternativlos ist. Das gilt sogar für Staaten, denen die individuelle Freiheit als Wert nicht so wichtig ist. In Deutschland haben wir unter der Führung Ludwig Erhards die Effizienz der Marktwirtschaft mit dem christlichen Menschenbild von Freiheit und Verantwortung zusammengebracht. Daraus wurde das weltweit geachtete Modell der Sozialen Marktwirtschaft.

Diese Ordnung erfordert einen Staat, der stark ist und sich zugleich selbst beschränkt, und sie baut auf Menschen, die ihre Freiheit lieben und nutzen, ohne die Grenzen von Moral und Anstand zu überschreiten. Diese Ordnung schafft Frieden, Freiheit und soziale Rücksicht. Sie ist so gut, dass sie auch eine Weltfinanzkrise übersteht. Der Staat muss stark bleiben, damit die Menschen das Vertrauen in die marktwirtschaftliche Ordnung nicht verlieren. Deshalb dürfen die Anhänger des Marktes nicht hilflos schweigen. Auch in einer die Menschen schwer bedrückenden Krise unserer Wirtschaft müssen sie den Feinden der Freiheit Paroli bieten und dafür sorgen, dass die bewahrungswürdigen Prinzipien erhalten bleiben.

Herausforderung Staatsfinanzen und Steuern

Nun reguliert und beeinflusst der Staat nicht nur durch marktwirtschaftliche Regelungen des Arbeits- oder Wettbewerbsrechts. Zugleich muss der Staat die Herausforderungen seiner eigenen Finanzierung lösen und bestimmt damit Gestaltungs- und Freiheitsräume von Unternehmen und Individuen. Zugleich sind Staatsquoten und Steuerquoten außerordentlich wichtige Kriterien im internationalen Standortwettbewerb. Gerade nach der Amtsübernahme der bürgerlichen Koalition von

CDU/CSU und FDP auf Bundesebene im Jahr 2009 ist die Frage der Höhe der Steuern ganz in den Mittelpunkt der öffentlichen Debatte geraten. Das ist für die bürgerliche Koalition und für die wirtschaftspolitische Debatte zugleich ein großes Unglück. Zweifellos bestimmt die Steuerhöhe den Grad der freien Verfügung über das eigene Einkommen. Weiterhin ganz zweifellos freut sich jeder Bürger, der Steuern zahlt, wenn diese Steuern möglichst gering sind. Aber auf diesem banalen Niveau darf sich Politik nicht bewegen. Schon gar nicht konservative Politik, die ja, wie in diesem Buch mehrfach dargelegt, eben nicht von einem schwachen Staat ausgeht. Jenseits der allgemeinen Betrachtung der Notwendigkeit staatlicher Aktivitäten ist ja in der heutigen Zeit noch hinzuzufügen, dass es zunächst einmal darum gehen muss, die angehäuften Altschulden und die strukturellen Defizite der Staatshaushalte zu beseitigen. Es gibt niemanden, der glaubt, dass dies allein über eine Kürzung der öffentlichen Ausgaben möglich sein wird. Das Jahr 2010 hat gezeigt, dass die außerordentlich erfolgreiche nationale und internationale Wirtschaftspolitik der Bundesregierung seit 2005 die Situation glücklicherweise etwas entspannt hat. An den Herausforderungen ändert das jedoch nichts, denn die historische Verfassungsänderung zur Schuldenbremse wird die Last der kommenden Generationen mindern, aber für die heutige Gesellschaft das vor uns liegende Jahrzehnt vollständig unter die Herausforderung des Sparens stellen.

Was in Deutschland zu einem besonderen Problem der politischen Debatte geworden ist, ist die hohe Staatsquote bei einer gleichzeitig sehr moderaten Steuerquote. Das heißt konkret, dass die Bürger im Rahmen der Sozialversicherungen Leistungen in Anspruch nehmen, die in kaum einem anderen Land der Welt über staatliche Zwangssysteme angeboten werden. Rentenversicherung, Krankenversicherung, Arbeitslosenversicherung und Pflegeversicherung haben in einem Land mit einer alternden Bevölkerung und einer immer besser werdenden Medizin die Tendenz zur permanenten Erhöhung ihrer Kosten. Schon allein diese Kosten nicht übermäßig steigen zu lassen, fordert (jedenfalls derzeit) permanente staatliche Eingriffe, die immer wieder zur allgemeinen Unzufriedenheit führen. Trotz der Eingriffe steigen die Kosten. Je mehr man den einzelnen Bürger an den Kosten seiner Alters- und Gesundheitsvorsorge beteiligt, umso höher wird der Betrag eines Sozialausgleichs für die Schwächeren in der Gesellschaft. Das aber bedeutet höhere Staatsausgaben, die prinzipiell durch höhere Steuern finanziert werden müssen. Die Staatsquote in Deutschland ist mit rund 45 % sicher an der oberen Grenze. Man kann allerdings sicher sein, dass die sozialen Kosten der übrigen im Wettbewerb stehenden Wirtschaftsnationen in den kommenden Jahren strukturell steigen werden. Die Entscheidung der amerikanischen Politik zugunsten einer Krankenversicherung für alle US-Staatsbürger wird zum Beispiel zu einer solchen Erhöhung der sich in der Staatsquote widerspiegelnden Kosten führen. Das darf die deutschen Anstrengungen zur Reduzierung der Staatsquote nicht mindern, sollte aber bei der Beurteilung bedacht werden.

Realismus in der Steuerpolitik

Nach meiner Auffassung wird es in den kommenden Jahren für eine deutliche Senkung der Steuerquote in Deutschland keinen Spielraum geben, wenn man die staatlichen Leistungen nicht in unverantwortlicher Form mindern und die gerade erst eingeführte Schuldenbremse nicht missachten will. Diese Erkenntnis zu ignorieren schadet sowohl der Glaubwürdigkeit als auch der Handlungsfähigkeit des Staates. Das haben die Regierungsparteien der Berliner Politik in den ersten sechs Monaten nach dem Beginn ihrer Zusammenarbeit im Herbst 2009 sehr schmerzlich erfahren. Es ist zu hoffen, dass die wirtschaftliche Entwicklung so gut verläuft, dass die Mittel ausreichen, um einige wichtige Schritte der Steuervereinfachung zu ermöglichen, die auch nicht ganz ohne Steuerausfälle zu erreichen sind. Auch dafür wird erst in einigen Jahren Spielraum sein. Diese Bemerkungen gelten ausdrücklich unter Einschluss des heute erhobenen Solidaritätszuschlages. Würde der Solidaritätszuschlag, aus welchen Gründen auch immer, nicht mehr erhoben, müsste dies unmittelbar zu Steuererhöhungen oder einem Wiederanstieg der Neuverschuldung führen.

Wenn Konservative von einem starken Staat sprechen, dann müssen sie ihm die dafür notwendigen Mittel zur Verfügung stellen. Dies darf bei allen Sparbemühungen nicht vergessen werden. Der Anteil der Sozialausgaben an den Gesamtausgaben des Bundeshaushalts ist in den vergangenen Jahren dramatisch gestiegen. Die Ausgaben des Bundes für Soziale Sicherung belaufen sich lt. Haushaltsentwurf 2010 auf 179 Milliarden Euro. Die Gesamtausgaben auf 327,7 Milliarden Euro. Damit beträgt der Anteil der Ausgaben für Soziale Sicherung 54,6 %. Im Jahr 2001 betrug der Anteil der Sozialausgaben 39,7 %. Seit Jahrtausendbeginn müssen wir also einen Anstieg um 15 Prozentpunkte oder 37,5 % verzeichnen.

Es wird unerlässlich sein, die Einschnitte zu vollziehen. Auch alle anderen Felder der Politik werden dem Grundsatz unterworfen werden müssen, dass ihre Ausgaben in den kommenden Jahren nominal nicht steigen dürfen. Angesichts von Inflation und zukünftigen Gehaltserhöhungen wird das zu einer Kürzung der Ausgabenmöglichkeiten der einzelnen Ressorts führen. Welche Einschränkungen eine solche konsequente Sparpolitik in wichtigen Bereichen haben wird, die auch mit der staatlichen Autorität zu tun haben – wie zum Beispiel auf den Feldern der inneren und äußeren Sicherheit –, wird man sorgfältig prüfen müssen. Es gehört ganz sicher zu den eher unpopulären politischen Aufgaben, hier zwischen

Einsparung und ansonsten notwendigen Steuererhöhungen zu entscheiden. Die Diskussion vom Ende 2010 über die künftige Stärke der Bundeswehr ist jedoch ein Hinweis darauf, dass eine eindimensionale Sparpolitik auch eine Gefahr in sich birgt: Sie kann zur Zerstörung einer im nationalen Interesse unabdingbaren Leistungsbereitschaft in der äußeren Verteidigung führen, so dass zudem noch unser Gewicht in den internationalen Verteidigungsbündnissen geschwächt würde. Für mich bleibt es dabei: Die Steuerpolitik wird in den kommenden Jahren für den wirtschaftlichen Erfolg Deutschlands und für die aus konservativer Sicht so wichtige freie Entfaltung des einzelnen Bürgers nicht das entscheidende Feld sein.

Das bedeutet nicht, dass in der Steuerpolitik alles beim Alten bleiben kann und soll. Die Steuervereinfachung steht schon lange auf der Tagesordnung, und es gibt genug Möglichkeiten, den Bürgern zu zeigen, dass der Staat hier seine Hausaufgaben macht. Allerdings wird es dazu notwendig sein, eine große Zahl von Lebenssachverhalten, die heute zu einzelnen steuerlichen Subventionen führen, zu pauschalieren. Hier ist die entscheidende Hürde nicht der Wille der Politik, sondern eine schwer verständliche restriktive Haltung des Bundesverfassungsgerichts, die letztlich dazu führt, dass der Staat entweder auf jegliche Gestaltung im sozialen Interesse verzichten muss oder aber ihm die Pauschalierung verboten ist. So hat das Bundesverfassungsgericht sowohl bei der Frage der Pendlerpauschale, als auch bei der Frage der Absetzbarkeit von häuslichen Arbeitszimmern entschieden. Bei der Pendlerpauschale etwa hat das Gericht der Politik verwehrt, die Lasten aus einer größeren Entfernung zum Arbeitsplatz erst ab dem zwanzigsten Kilometer steuerlich anzuerkennen. Die Botschaft des Gerichts lautete: Entweder es wird für jeden Kilometer oder für keinen bezahlt. In der Lebenswirklichkeit kann der in der Regel vergleichsweise kurze Weg zur Arbeit ohne soziale Härte vom Arbeitnehmer selbst getragen werden.

Mit einem apodiktischen Festhalten am „strikten Nettoprinzip" hat das Gericht entscheidende Spielräume für Steuervereinfachung verschlossen. Allerdings wäre es sicherlich möglich, dass der durchschnittliche Steuerzahler schon nach wenigen Tagen im Januar von der Steuerverwaltung einen Vorschlag für seine Steuererklärung erhalten könnte, die er nur um die Besonderheiten des abgelaufenen Jahres ergänzen müsste, um innerhalb weniger Minuten am Anfang des Jahres das Thema Lohnsteuererklärung zu erledigen. Mit dem neuen Erfassen aller Daten über die einheitlichen Steuernummern kann auf der Seite der Arbeitgeber eine wesentliche Vereinfachung der bisher komplizierten Steuerbuchhaltung erreicht werden. Selbstverständlich muss auch im kommenden Jahr die heimliche Steuererhöhung durch die so genannte „kalte Progression" wieder korrigiert werden. Das ist in den letzten 50 Jahren in regelmäßigen Abständen geschehen, und es ist auch jetzt unerlässlich, sobald die wirtschaftliche Lage eine solche Rückgabe der erhöhten Steuereinnahmen ermöglicht. Allerdings bleibt es nach meiner Ansicht das Wichtigste, in der Frage der Steuerpolitik nicht ständig Erwartungen zu wecken, die gerade von bürgerlichen Parteien, die auf finanzielle Solidität bauen wollen, nicht erfüllt werden können.

Eine Wirtschaftspolitik, die konservativen Grundsätzen entspricht, ist eine Politik, die die Freiheit und Kreativität des Einzelnen fördert und nutzt, um möglichst großen wirtschaftlichen Wohlstand zu erreichen. Dabei spielt der Staat mit vielfältigen Regulierungen eine durchaus entscheidende Rolle. Konservative Politik hat die Maxime, die dem Zusammenhalt der Gemeinschaft und der Wohlfahrt jedes Einzelnen am besten dienende Politik zu entwickeln. Bei allen Herausforderungen und Rückschlägen wird man kaum bestreiten können, dass dies der Bundesrepublik Deutschland in den vergangenen 60 Jahren und bis zum heutigen Tag in außerordentlicher Weise gelungen ist.

5. Nachhaltige Umweltpolitik

Umweltpolitik zu spät entdeckt

Das Prinzip der Nachhaltigkeit als Grundsatz allen umweltpolitischen Denkens ist dem Konservativen vertraut. Es gehört zu den großen historischen Ärgernissen, dass die konservativen politischen Kreise sich diese Autorität im Nachkriegsdeutschland aus der Hand nehmen ließen. Dabei hatten Sie mit Menschen wie dem ehemaligen CDU-Bundestagsabgeordneten Herbert Gruhl alle Erkenntnisse und alle Autorität zunächst auf ihrer Seite, um sie dann aus Ignoranz zu verspielen. Hans Carl von Carlowitz hat im Rahmen seiner forstwirtschaftlichen Regeln den Begriff bereits 1713 eingeführt. Heute verwenden wir ihn zum Beispiel in der „Nachhaltigkeitsstrategie Hessen" (www.hessen-nachhaltig.de) sehr viel breiter als im ursprünglichen Umweltschutzgedanken, unter anderem auch für die Herausforderungen der Demographie, der Integration oder der Bildung. Das Risiko der Zerstörung unserer natürlichen Lebensgrundlagen ist durch die moderne Industriegesellschaft potenziert worden. Diejenigen, die die Segnungen der Industrialisierung feierten, hatten für viele Jahre die dramatischen Konsequenzen des Verbrauches nicht nur der Rohstoffe, sondern vor allem der Medien Luft und Wasser durch ihre Verschmutzung ignoriert oder falsch eingeschätzt. Dass es Konservativen passieren konnte, dass Anfang der 70er Jahre das biologische Gleichgewicht ernsthaft in Gefahr geriet, ohne dass aus eigenem politischen Antrieb die damals regierenden Parteien den Kurs korrigiert hätten, gehört in das Kapitel der schweren Versäumnisse. Die Faszination der Wohlstandsmehrung für die Menschen in einer Gesellschaft ist bis zum heutigen Tag für viele Staaten so verlockend, dass sie eine nachhaltige Umweltpolitik in weltweitem Maßstab nach wie vor für eine Schädigung ihrer ökonomischen Entwicklungschancen halten. Und auch in Deutschland fällt uns die Debatte nach wie vor schwer. Die Tatsache, dass die umweltpolitischen Reformen gegen die etablierten Parteien durchgesetzt wurden, hat bei deren Anhängern einen langlebigen Reflex gegen eine ökologische Attitüde geschaffen. Andererseits fühlen sich diejenigen, die die Umweltbewegung groß gemacht haben, tendenziell als Systemgegner, die neben den umweltpolitischen auch zahlreiche wirtschafts- und gesellschaftspolitische Zielsetzungen im Auge haben.

Ich persönlich habe mich seit dem Beginn meiner politischen Arbeit im hessischen Landtag sehr für den Tierschutz eingesetzt. Er gehört für mich zu den klassischen Aufgaben einer politischen Konzeption, die Respekt vor der Schöpfungsgeschichte und Humanität auch im Umgang mit der Tierwelt als normalen Bestandteil unserer Zivilisationsgeschichte betrachtet. Ich bin dem damaligen hessischen Ministerpräsidenten Walter Wallmann sehr dankbar, dass er dieses Thema zu seinem Anliegen machte. Als er jedoch in der CDU-Landtagsfraktion über die Schaffung der Position eines Tierschutzbeauftragten der hessischen Landesregierung abstimmen ließ, konnte er sein Ziel nur erreichen, weil eine große Mehrheit der CDU-Politiker sich aus Loyalität der Stimme enthielt, anstatt ihre ablehnende Haltung zum Ausdruck zu bringen. Als Joschka Fischer Umweltminister wurde, machte er sich über dieses Amt lustig und trieb den Amtsinhaber zur Kündigung. Zur Ironie der Geschichte trug bei, dass der grüne Minister dem Tierschutzbeauftragten für seinen Abgang eine hohe Abfindung zahlen musste, die ich in meiner zivilen Rolle als Anwalt für ihn erstreiten konnte. Erst mit der Regierungsübernahme von CDU und FDP im Jahr 1999 bekam die Tierschutzpolitik wieder den von Walter Wallmann beabsichtigten Stellenwert. Dies geschah mit großer Sympathie in der Bevölkerung, innerhalb meiner Partei bedurfte es weiterhin eines ziemlich schmerzlichen Gewöhnungsprozesses. Aber heute sind viele Beiträge zum Tierschutz, etwa bei der Erforschung von Alternativen zu Tierversuchen, bei der artgerechten Behandlung von Zoo- und Zirkustieren, beim schmerzfreien Schächten oder der Suche nach Alternativen zur industriellen Tötung von Millionen männlicher Hühner, die nicht gebraucht werden, auf hessische Initiativen zurückzuführen. Die Skepsis vieler meiner politischen Freunde beruht nicht wesentlich auf der Ablehnung einer der genannten Punkte. Vielmehr ist die Sorge, dass die umweltpolitischen Ideen lediglich zur radikalen Veränderung der Weiterentwicklung unserer modernen Erwerbs- und Industriegesellschaft missbraucht werden.

Umweltschutz und Wachstum versöhnen

Natürlich besteht zu dieser Skepsis Anlass. Die Debatte über das richtige Verhältnis zwischen Umweltschutz und dem gesellschaftlichen Interesse an einer sicheren wirtschaftlichen und sozialen Zukunft ist zu ideologisch geworden. Konservative haben selbstverständlich den Anspruch, der nächsten Generation eine intakte Umwelt zu übergeben. Sie sind jedoch auch davon überzeugt, dass es zu ihren Pflichten gehört, der nächsten Generation den inneren und äußeren Frieden dadurch zu sichern, dass es eine ausreichende Perspektive für Wohlstand und Aufstieg im eigenen Land und in der Welt gibt. Eine mit Augenmaß durchgeführte Umweltpolitik hat in den letzten Jahrzehnten in Deutschland große Erfolge verbuchen können. Das ist für das eigene Land wichtig, noch wichtiger ist es jedoch dafür, andere Nationen der Welt von der Richtigkeit dieser konservativen Wertschätzung der in unsere Verantwortung übergebenen Welt zu überzeugen. Hier hat das lobenswerte Aufrütteln der Öffentlichkeit durch den „Club of Rome" und seinen ersten Präsidenten Dennis L. Meadows mit der Überschrift „Grenzen des Wachstums" (engl. Originaltitel: „The Limits to Growth", 1972) auch für Verunsicherung gesorgt. Die meisten Länder der Welt konnten bisher nur wenig von der Entwicklung der modernen Industriestaaten profitieren und fürchten daher nun die Grenzen des Wachstums. Länder wie Brasilien, Russland, Indien und China wollen das jetzt nachholen. Dabei wollen sie sich nicht von Umweltvorschriften derjenigen, die jahrzehntelang ohne Beachtung dieser Regeln ihren Wohlstand aufbauten, bremsen lassen. Verständnis unter diesen Ländern wird nur gewonnen werden können, wenn wir in den industrialisierten Ländern nachweisen, dass die Rücksichtnahme auf die Interessen der Ökologie und das wirtschaftliche Wachstum keine Gegensätze sind. Wir in der Bundesrepublik Deutschland sind heute in einer Situation, dass wir diesen Beweis antreten können. Ich habe in den letzten Jahren immer wieder die Gelegenheit gehabt, Wirtschaftsdelegationen nach Asien zu führen. Anfangs wurde die Debatte über den Umweltschutz als Bedrohung in dem beschriebenen Sinne betrachtet. Heute sind deutsche Ingenieurfirmen sehr gesuchte Gesprächspartner, weil man dem erfolgreichen Wirtschaftsmotor Deutschland zutraut, dass er die Herausforderung der Kombination von ökologischer Verantwortlichkeit und Wirtschaftswachstum am ehesten bewältigen kann.

Diesen Vorteil dürfen wir nicht von den aus der Geschichte der Umweltbewegung gut erklärbaren ideologischen Scheuklappen zerstören lassen. Dafür bestehen aber in Deutschland in diesen Jahren beachtliche Gefahren, die wiederum zu der unbequemen politischen Situation führen, dass konservative Politiker, die eine Warnung aussprechen, als Gegner nachhaltiger Politik kritisiert werden, nur weil sie diese Kombination von verantwortlichem Umgang mit natürlichen Ressourcen und verantwortlichem Umgang mit den berechtigten sozialen und wirtschaftlichen Interessen der Bürger nicht aufzugeben bereit sind. Der hessische Wirtschaftsminister Dieter Posch hat im Sommer 2010 zu Recht vorgerechnet, welche unverhältnismäßigen Kosten und jahrelangen Verzögerungen die überzogenen Umweltauflagen bei einigen Infrastrukturprojekten inzwischen auslösen. Allein die zusätzlichen Planungskosten im Bundesfernstraßenbau addieren sich in Hessen für die Jahre 2000 bis 2008 auf 44 Millionen Euro. Bundesweit kann man dies mit dem Faktor zehn multiplizieren. Hinzu kommen allein in Hessen zusätzliche Baukosten von 71,5 Millionen Euro. Hochgerechnet auf den gesamten Bundesverkehrswegeplan 2004–2015 verteuern sich die vordringlichen Projekte um 6,3 Milliarden Euro. Wenn der nahezu in ganz Deutschland vorkommende Kamm-Molch bei einem hessischen Autobahnprojekt nur deshalb ins Visier der Planer gerät, weil er sich auf den verdichteten Böden eines alten Panzerübungsgeländes wohl zu fühlen scheint und dies dann zu einer Verschiebung der Autobahntrasse ganz nahe an die Wohnbebauung führt, dann ist das Hysterie und keine sachgerechte Politik. Ich jedenfalls bin nicht bereit, den anthropozentrischen Ansatz der modernen Zivilisationsgesellschaft soweit zurückzudrängen, dass im Regelfall die Interessen der Menschen denen von Flora und Fauna unterliegen. Letztlich erweisen diejenigen, die jegliche Entwicklung in Form von neuen Infrastruktureinrichtungen, neuen Industriebetrieben oder auch neuen Wohnsiedlungen radikal verhindern wollen, der Akzeptanz nachhaltiger Politik in der demokratischen Gesellschaft einen Bärendienst. Artenschutz, Naturschutz und der Schutz der natürlichen Elemente Boden, Wasser und Luft dürfen bei keiner Abwägung fehlen. Aber in Summe der Abwägung müssen auch die Interessen der Gesellschaft nach angemessener Weiterentwicklung ihren berechtigten Platz haben. Wenn die genannten ökologischen Interessen einer gleichgewichtigen Abwägung mit den Interessen an der Fortentwicklung der menschlichen Gemeinschaft und auch der Erwerbsgesellschaft entzogen werden, dann ist das genau das reaktionäre Verhalten, das in anderen Bereichen Konservativen immer unterstellt wird. Ich werbe für konservative Reformen und erwarte auch von den engagierten Protagonisten des Umweltschutzes die Offenheit zur Weiterentwicklung.

Jahrhundertziel nachhaltige Energieversorgung

Eines der spannendsten Felder dieser Diskussion in den vergangenen Jahrzehnten ist die Energiepolitik. Sie begann zu einem Zeitpunkt, als die realen Chancen für eine regenerative, also nachhaltige Energiepolitik, aufgrund des fehlenden Wissens noch sehr gering waren. Die Entscheidung von Sozialdemokraten wie dem Hessen Georg August Zinn oder dem früheren Bundeskanzler Helmut Schmidt zugunsten des Aufbaus der Energieproduktion in Kernkraftwerken war zu ihrer Zeit uneingeschränkt richtig und ist bis heute gut zu verantworten. Im Jahr 2050 haben wir auf der Basis unseres heutigen Wissens eine gute Chance, ohne fossile Brennstoffe und Kernkraft die Energieversorgung einer modernen und nach wie vor energieintensiven Industriegesellschaft zu bezahlbaren Preisen für Bürger und Industrie zu ermöglichen. Der Weg dahin wird allerdings noch viele Erfindungen und Entwicklungen erfordern, Zeit und Geduld brauchen und vor allen Dingen die wirtschaftlichen Kräfte so anspannen, dass nur sehr erfolgreiche Industriestaaten die Pioniere dieses Weges sein können. Auch hier ist nicht Sturheit, sondern Pragmatismus gefragt. Dazu gehört zunächst, dass wir die Energiepreise niedrig und die Energiesicherheit hoch halten, indem wir zumindest für die kommenden ein bis zwei Jahrzehnte in Deutschland wie in der übrigen Welt die Kernenergie zur CO_2-freien Energieproduktion heranziehen.

Natürlich hat die lange Diskussion über die Sicherheit kerntechnischer Anlagen die Menschen verunsichert. Reaktorunfälle wie im amerikanischen „Three Miles Island-Reaktor" oder der folgenschwere Unfall im Reaktor von Tschernobyl haben Grund zur Verunsicherung gegeben. Ich habe die friedliche Nutzung der Kernenergie immer für verantwortbar gehalten. Als ich im Jahr 1987 Abgeordneter des Hessischen Landtages wurde, bekam ich von meiner Fraktion den Auftrag, mich ganz besonders um die Kernkraftwerke im Land zu kümmern. Als Jurist ist man dazu nicht prädestiniert. Ich habe deshalb viele Monate investiert, um das zu erlernen, was ich im schulischen Physikunterricht versäumt oder nicht verstanden hatte. Ich habe in Deutschland, Frankreich, Großbritannien und den USA kerntechnische Anlagen besucht, mit Wissenschaftlern gesprochen und mir einen Überblick über den Stand der Diskussion verschafft. In der eigenen politischen Arbeit musste ich diese Debatte Auge in Auge mit meinem direkten umweltpolitischen Gegenspieler, Joschka Fischer, führen; das zwang zur Präzision. Später haben zahlreiche parlamentarische Untersuchungsausschüsse jedes Detail bezüglich der Sicherheit der Anlagen durchleuchtet. Am ideologischen Meinungsstreit hat dies natürlich nichts geändert. An meiner persönlichen Überzeugung, meinen Mitbürgern, auch meiner eigenen Familie den Betrieb von Kernkraftwerken in ihrer Nähe zumuten zu können, halte ich nach all den Erfahrungen fest. Damit würde ich niemals behaupten, dass bei den in Deutschland betriebenen Kernkraftwerken Störfälle ausgeschlossen sind. Darauf darf der Mensch nie bauen. Aber die Kraftwerke sind ja gerade so konstruiert, dass sie mit den menschlichen Fehlern und den daraus folgenden Störfällen ohne Gefahr für die Umwelt fertig werden können. In Deutschland wird zu Recht jeder kleinste Störfall gemeldet. Die Listen der Meldungen zeigen jedoch auch, wie beherrschbar diese Technologie ist. In anderen Ländern der Welt werden zurzeit gerade mit deutschem Wissen neue Reaktoren gebaut, die noch einmal zusätzliche Elemente der Sicherheit verwirklichen. Dafür wird es in Deutschland keine Mehrheit geben.

Daher müssen die vorhandenen Kernkraftwerke auf dem jeweils neuesten Stand der Technik noch einige Jahre die Last der sicheren und preiswerten Energieproduktion mit tragen. Allerdings hoffe ich, dass die kommenden Jahre ideologische Positionen versöhnen können. Wir stehen unmittelbar vor der Chance, die nachhaltige Energieproduktion zu dem großen gesellschaftlichen Wirtschaftsprojekt der kommenden Jahrzehnte zu machen. Mit der Vision des Projektes „Desertec" ist zum ersten Mal ein konkreter Plan für eine nachhaltige Energieversorgung ohne Kohle, Gas und Kernkraft auf dem Tisch. Dieser Plan nimmt wenig Rücksicht auf die romantischen Vorstellungen, man könne in einer modernen Industriegesellschaft mit Windrädern auf jedem Berg eines Mittelgebirges und mit Solarkollektoren auf Einfamilienhäusern die Energieversorgung einer Industriegesellschaft preiswert und versorgungssicher ermöglichen. Diese utopische Vorstellung widerstrebt dem Konservativen. Ein realistischer Plan, das allseits gewünschte Ziel zu erreichen, fasziniert ihn dagegen. Große Solarkraftwerke in der Sahara, große Offshore-Windparks auf dem offenen Meer, Speicherkapazität in erhitzbaren Salzdepots und gigantische Druckluftspeicher in der Erde, das sind die Bestandteile der Vision einer regenerativen Energiewirtschaft. Schon der dazu notwendige Leitungsbau wird die bisherigen baulichen Regelwerke sprengen und auch traditionelle Umweltschützer zu Kompromissen bei Technik und Verfahren der Genehmigung zwingen. Wer dieses Projekt realisieren will, muss in kurzer Zeit große neue Stromtrassen bauen, Milliarden in die entsprechende Forschung stecken und komplizierte internationale Vereinbarungen schließen. Das kann in zwei bis drei Jahrzehnten gelingen, wird aber bis dahin Hunderte Milliarden Euro kosten, die wir nur aufbringen können, wenn wir wirtschaftlich an der Spitze der Welt mitspielen. Nur wenn ein solches Projekt im reichen Europa gelingt, werden andere Kontinente der Erde bereit sein, diesem Weg zu folgen. Nur dies verschafft uns die Chance, wirklich ökologisch eine globale Veränderung herbeizuführen.

Diese Bemerkungen sollen einen Hinweis darauf geben, dass der gestalterische Umgang mit der Schöpfung nicht der ignorante Verbrauch der Schöpfung ist. Zum konservativen Programm gehört die Erkenntnis, dass die berechtigten Interessen einer wachsenden Weltbevölkerung nur mit einer Konzentration auf den wirtschaftlichen Erfolg wahrgenommen werden können und dass zugleich die Schonung der natürlichen Ressourcen möglich ist. Das Pathos in den Vorträgen von Umweltschützern, die gleichzeitig eine linke Gesellschaftspolitik verwirklichen wollen, tönt oft bedeutend stärker als die Stimme pragmatischer Konservativer, die mit ihrer Nüchternheit eine ebenso große Leidenschaft verbinden, nämlich ihren Kindern eine lebens- und liebenswerte Welt zu hinterlassen. Ich bin überzeugt, dass eine Gesellschaft nicht in Frieden zusammenbleiben wird, in der die ökologischen Interessen so über die ökonomischen Interessen gestellt werden, dass die sozial Schwächeren dauerhaft vom ökonomischen Fortschritt ausgeschlossen sind. Das aber könnte schon allein dadurch geschehen, dass Strompreise über eine für das Haushaltsbudget erträgliche Höhe steigen. Umweltschutz muss auf das Faktum Rücksicht nehmen, dass die heute geschaffene Infrastruktur, die Bildungschancen, das Gesundheitssystem und andere soziale Errungenschaften nur dann allen wirklich zur Verfügung stehen, wenn das Volkseinkommen es ermöglicht. Wir Deutsche haben ja vor kurzem noch erlebt, dass nicht nur in den alten Feudalgesellschaften, sondern auch im real existierenden Sozialismus der Elite alle diese Errungenschaften natürlich zur Verfügung standen, und doch hat es eben nicht für alle Bürger gereicht. Wir dürfen im Interesse eines gemeinsamen patrioti-

schen Bandes niemals eine Politik verwirklichen, in der Wirt-
schafts- und auch Umweltpolitik die Leistungsfähigkeit einer
Gesellschaft schwächen, denn die Zeche zahlen immer die
Schwächsten.

6. Sozialpolitische Herausforderungen

Neuaufbruch zu den Wurzeln des Sozialstaatsgedankens

Ich bin der festen Überzeugung, dass wir als Konservative die Regeln, die wir in der marktwirtschaftlichen Ordnung als Prinzipien haben, nicht aufgeben dürfen. Ohne eine Wirtschaftsordnung, die auf Eigenverantwortlichkeit der Menschen und dezentrale Marktmechanismen setzt, kann es keine freiheitliche Gesellschaft geben.

Wenn ich in der Einleitung die Unterschiedlichkeit der Menschen, die aus der Menschenwürde erwachsende Achtung der Freiheit und die Pflicht zur Mitmenschlichkeit sowie den Respekt vor einer gerechten Ordnung und die Verpflichtung zu einem Grundkanon bürgerlicher Werte als programmatische Normen eines Konservativen beschrieben habe, die alle Zeiten überdauern, dann folgt daraus zwingend ein zweiter Grundsatz: die Ergänzungsbedürftigkeit unseres freiheitlichen Ordnungsmodells um das Frieden stiftende Element des sozialen Ausgleichs. Natürlich gehört zum Kernbestandteil der konservativen Programmatik die Erwerbsgesellschaft, deren Bestreben auf den Erhalt und die Mehrung unseres Wohlstands ausgerichtet ist. Aber wir haben uns, in der heutigen globalisierten Welt vielleicht noch mehr als vor 50 Jahren, zu vergegenwärtigen, dass nicht alle in der Lage sind, daran teilzunehmen. Diese unfreiwillig in Not geratenen Menschen solidarisch zu unterstützen sowie dafür zu sorgen, dass die großen Lebensrisiken durch ein staatlich organisiertes Ausgleichssystem abgedeckt sind, ist Aufgabe von Sozialpolitik im Rahmen einer marktwirtschaftlichen Ordnung. Klar ist aber auch, dass eine solidarische Gesellschaft auf Dauer nur dann funktioniert, wenn ein jeder das, was er zu leisten imstande ist, auch zur Sicherung seines Lebensunterhaltes einbringt. Insoweit stehen eigene Anstrengung und staatliche Unterstützung immer und zwingend in einem Regel-Ausnahme-Verhältnis.

Diese Grundüberzeugung war es, die die Väter der Sozialen Marktwirtschaft leitete und die dieses Konzept in der praktischen Umsetzung der ersten Nachkriegsjahre so ungemein viel Zustimmung und Bewunderung finden ließ.

Von der Grundidee einer marktkonformen, subsidiären Sozialpolitik haben wir uns in Deutschland allerdings mittlerweile ein ganzes Stück weit entfernt. Der deutsche Wohlfahrtsstaat ist insbesondere seit den 70er Jahren stark ausgebaut worden; sowohl Ansprüche als auch Leistungen wurden seitdem deutlich großzügiger bemessen. Exemplarisch lässt sich dies an der gesetzlichen Rentenversicherung belegen. Die mit dem Rentenreformgesetz von 1972 zwischenzeitlich erfolgte schrittweise Anhebung des Rentenniveaus von 60 auf 70 % des Nettolohns nahm keine Rücksicht auf die nachhaltige Finanzierbarkeit des Systems. Man änderte einfach die Regeln über die Rücklagenbildung. Während 1969 noch die Ausgaben eines gesamten Jahres die erforderliche Rücklage definierten, liegt dieser Wert seit mehreren Jahren gerade einmal bei einem Fünftel einer Monatsausgabe. In den 80er und 90er Jahren ergingen verschiedene gesetzliche Regelungen zur Förderung des Vorruhestandes, letztlich mit dem Ziel, die Arbeitslosigkeit zu reduzieren. Das Problem war allerdings, dass alle diese Regelungen weitestgehend auf Staatskosten erfolgten, ohne Abschläge bei der Rente vorzunehmen.

Der Ausbau des deutschen Wohlfahrtsstaates fand fatalerweise zu einer Zeit statt, als dessen wirtschaftliche Basis die genau entgegengesetzte Richtung einschlug. Die mit über 5 % hohen Zuwachsraten bei der Arbeitsproduktivität bis in die 60er Jahre hinein, die den Aufholprozess der deutschen Volkswirtschaft nach Kriegsende widerspiegelten, waren nicht aufrechtzuerhalten. Und obwohl für alle sichtbar die jährliche Steigerung der Arbeitsproduktivität in den folgenden Jahrzehnten sukzessive deutlich auf 1 bis 1,5 % sank, wurde der deutsche Wohlfahrtsstaat unvermindert ausgebaut. Das blieb natürlich nicht folgenlos: Die Beitragssätze zur Sozialversicherung stiegen von 26,5 % im Jahr 1970 auf rund 40 % im Jahr 2010. Dabei verschleiert die nicht unerhebliche Steuerfinanzierung der Sozialversicherungssysteme einen noch höheren Anstieg. Im internationalen Vergleich liegt die deutsche Sozialausgabenquote relativ zum Bruttoinlandsprodukt nur knapp hinter dem Anteil in Dänemark und Schweden – allerdings bei einer geradezu erschreckend niedrigen Effektivität (berlinpolis/ Hans-Böckler-Stiftung (Hg.), Wie sozial ist Europa? Eine Kurzstudie zur sozialen Lage in der EU, Berlin 2006). Das sollte uns zu denken geben.

Wir kommen nicht umhin, sowohl im Bereich der Sozialversicherungssysteme als auch bei der untersten sozialen Sicherung einige Weichen anders zu stellen. Dies stellt uns insbesondere in Zeiten, in denen viele Menschen aufgrund der rasanten Umbrüche in der Gesellschaft verunsichert sind, vor große Herausforderungen: in Zeiten, in denen die Risiken des gesellschaftlichen Abstiegs größer eingeschätzt werden als die Chancen des gesellschaftlichen Aufstiegs. Und deshalb ist es Aufgabe der Konservativen, die Menschen von der Notwendigkeit und den Chancen von Veränderungen zu überzeugen, damit sie diese mittragen.

Gerade im Bereich der Sozialpolitik leben politisch Verantwortliche und Parteien eher in dem Risiko, dass sie für Veränderungen bestraft – anstatt belohnt – werden. Andere können daraus wiederum Kapital schlagen. Die Linkspartei beweist dies: Indem sie sagt, dass alle Reformen falsch seien, liefert sie die denkbar einfachste Antwort auf die Herausforderungen unserer Zeit – und sammelt damit Sympathien. Gerhard Schröder hat die Reformdebatte seinerzeit im Wahlkampf nur mit einer sehr viel hitziger geführten Debatte über Krieg und Frieden politisch überlebt. Ohne die Diskussionen über den bevorstehenden Irak-Krieg hätte er die Wahl im Jahr 2002 nicht gewonnen. Denn er hatte in der ersten Wahlperiode bereits zaghafte Schritte zu Wirtschaftsreformen eingeleitet – und schon damals nicht mehr das Vertrauen der Menschen auf seiner Seite. Auch Angela Merkel und die Union haben im Bundestagswahlkampf 2005 – als Professor Paul Kirchhof diese Thesen sehr viel stärker in den Mittelpunkt rückte, als ursprünglich geplant – eine solche Verängstigung ausgelöst, dass die Menschen kurz vor der Wahlkabine abgebogen sind.

Beispiel Mindestlohn und Arbeitslosenversicherung

Ich habe in meinem politischen Leben keine vergleichbar bedrängende Situation erlebt wie in den letzten Jahren, in denen sich die Frage zwischen Herstellung von politischen Mehrheiten und Herstellung dessen, was ordnungspolitisch richtig ist, so kompliziert gestaltete. Deshalb gab es Kompromisse, die in der Politik der Großen Koalition fast täglich gemacht wurden und die einem an jeder einzelnen Stelle auch ein Stück wehtun konnten. Der Mindestlohn ist ein gutes Beispiel dafür. Er ist aber nur das Ende einer Kette. Ich persönlich glaube, dass eine deutliche Flexibilisierung des Arbeitsmarktes am Ende sogar zu höheren Löhnen und zu größerer Beschäftigung führen würde. Die einzige Chance zu verhindern, dass es flächendeckend Mindestlöhne in dieser Gesellschaft gibt, liegt nach meiner Überzeugung darin, dass wir Vollbeschäftigung herstellen. Das bedeutet, dass der untere Teil des Marktsegments durch Preisbildung am Markt und durch die Knappheit des Arbeitsangebots ausgeräumt wird. Aber unter den derzeitigen

122

Bedingungen glaubt uns das kein Mensch – und womöglich nicht einmal eine Mehrheit meiner Partei.

Ich würde auch gerne sehr viel intensiver in dieser Gesellschaft darüber diskutieren, wie wir die Arbeitslosenversicherung verändern sollten. Das heutige System scheint mir unangemessen. Dabei sind wir mit den Reformen der Bundesagentur für Arbeit in Nürnberg bereits weit gekommen. Die Abtrennung der Arbeitslosenversicherung von den sonstigen Leistungen der Bundesagentur für Arbeit war eine großartige Leistung, die leider viel zu wenig öffentlich wahrgenommen wird. Diese Abtrennung bewirkt, dass wir heute versicherungsmathematisch sehr präzise wissen, was die Versicherung von Arbeitslosigkeit kostet. Warum regulieren wir denn dann nicht einfach eine Mindestzeit für die Arbeitslosenversicherung – beispielsweise auf dem Niveau, wie es zurzeit ist – und erlauben per Gesetz, dass sich ein Arbeitnehmer darüber hinaus freiwillig gegen Arbeitslosigkeit absichern kann? Wenn er monatlich 0,4 oder 0,5 % seines Einkommens mehr einbezahlt, könnte er dafür 6 oder 12 Monate länger Arbeitslosenbezüge erhalten. Und wenn er monatlich zwei Prozent mehr einbezahlt, könnte er dann vier Jahre lang arbeitslosenversichert sein. Natürlich tauchen da sofort die Bedenken der Ökonomen auf, die mit den Stichworten „asymmetrische Informationsverteilung" und „moral hazard" verbunden sind. Das heißt: Einerseits verfügen die beiden Vertragsparteien (Arbeitnehmer und Versicherung) vor Vertragsabschluss über unterschiedliche Informationen über die Risiken, in Zukunft arbeitslos zu werden, was bzgl. der „richtigen" Höhe der Versicherungsprämie problematisch ist. Andererseits kann es sein, dass der gegen Arbeitslosigkeit versicherte Arbeitnehmer nach Vertragsabschluss sein Verhalten ändert, gerade weil er jetzt ja versichert ist. Ungeachtet dieser Einwände wären die von mir dargelegten Überlegungen sicherlich eine vertiefte politische Auseinandersetzung wert.

Genauso könnte man bei Beginn eines neuen Arbeitsver-
hältnisses ein Wahlrecht schaffen zwischen Kündigungs-
schutzrecht oder einer vorab vertraglich zu vereinbarenden
Abfindungsklausel. Letztere würde es den Beteiligten ermöglichen, sich zu einer im Vertrag geregelten Summe wieder voneinander zu trennen, ohne dass es einen Rechtsstreit über die
Trennung geben kann. Auf diese Weise könnten wieder mehr
Unternehmen in Deutschland Mut fassen, unter den hiesigen
Bedingungen Arbeitsplätze zu schaffen.

Rentensystem als Beweis der Reformfähigkeit

Jede Art der Veränderung gerade im Bereich der Sozialpolitik
ist mit Konversionsängsten und -kosten verbunden, die umso
höher ausfallen, je weiter eine Gesellschaft entwickelt ist. Das
kann man am praktischen Beispiel der Fehlentscheidung über
die umlagefinanzierten Renten in Deutschland aus dem Jahre
1957 gut nachvollziehen. Wir können diesem hochkomplexen
Umlagesystem in absehbarer Zeit nicht entfliehen, weil niemand bereit ist, die Konversionskosten – also die Kosten der
Umstellung auf ein anderes System – zu bezahlen. Dabei ist
es Union und SPD in der Vergangenheit gelungen, das Ren-
tensystem deutlich zu stabilisieren. Insbesondere durch den
Aufbau einer kapitalgedeckten zweiten Säule (Riester und Rü-
rup) sowie durch die Entscheidung für den Einstieg in die
Rente mit 67 können wir bei der gesetzlichen Altersvorsorge
entspannter in die Zukunft sehen als noch Ende des letzten
Jahrtausends. Die Rente mit 67 ist nicht zuletzt ein Verdienst
von Franz Müntefering, von dessen Vorschlag sich seine Par-
teigenossen schon wieder verabschiedet haben. Problemati-
scher bleibt in diesem Zusammenhang allerdings die im
Zuge der Krise gegebene Rentengarantie. Deren zwingende
Folgewirkungen, nämlich Nullrunden für die Rentner auch in

Phasen wieder merklicher Lohnzuwächse, werden von den jeweils politisch Verantwortlichen ein beträchtliches Stehvermögen abverlangen.

Erheblich größer sind dagegen die Probleme bei der gesetzlichen Krankenversicherung (GKV). Diese dürften sich in den nächsten Jahrzehnten deutlich verschärfen. Denn neben der demographischen Entwicklung, die alle umlagefinanzierten Systeme in absehbarer Zeit vor eine Zerreißprobe stellen wird, wirkt der medizinisch-technische Fortschritt als Kostentreiber. Seit 1993 sind die Gesamtausgaben der gesetzlichen Krankenversicherung trotz zahlreicher Kostendämpfungsgesetze um durchschnittlich fast vier Milliarden Euro pro Jahr auf mittlerweile über 170 Milliarden Euro gestiegen. Dass trotz dieser Ausgabensteigerungen der Beitragssatz in den Jahren 1996 bis 2001 weitgehend stabil blieb, war einerseits darauf zurückzuführen, dass die Kassen die bestehenden Finanzreserven aufbrauchten und sich vermehrt verschuldeten; andererseits stieg die Zahl der sozialversicherungspflichtig Beschäftigten während dieser Zeit leicht an. Von da an ging es bei den sozialversicherungspflichtig Beschäftigten jedoch deutlich bergab – und mit den Beitragssätzen bergauf. Der offiziell ausgewiesene Rückgang des allgemeinen Beitragssatzes auf durchschnittliche 13,73 % im Jahr 2005 verschleierte, dass zum 1. Juli 2005 die paritätische Finanzierung der GKV durch Arbeitgeber und Arbeitnehmer gelockert wurde. Seitdem zahlen die Arbeitnehmer zusätzliche 0,9 Beitragssatzpunkte. Seit Jahresbeginn 2006 steigen die Beitragssätze wieder. Daran hat auch die kurzfristige, aufgrund der Wirtschafts- und Finanzkrise erfolgte Senkung des Beitragssatzes zulasten einer milliardenschweren Finanzspritze aus dem Bundeshaushalt nichts geändert.

Gesundheit und Marktwirtschaft

In den letzten 20 Jahren ist es keiner Bundesregierung gelungen, im Gesundheitssystem echte Strukturreformen durchzusetzen, die die marktwirtschaftlichen Kräfte aufgrund richtig gesetzter Anreize stärken. Dabei hat nicht nur die mit namhaften Experten besetzte so genannte Rürup-Kommission (Kommission für die Nachhaltigkeit in der Finanzierung der sozialen Sicherungssysteme) vor nunmehr sieben Jahren sehr konkrete Handlungsalternativen aufgezeigt. Auch die CDU hat auf dem Leipziger Parteitag 2003 mit dem Gesundheitsprämienmodell ein mutiges und zukunftsweisendes Konzept präsentiert. Der große Vorteil dieses Ansatzes, die GKV-Beiträge von den Lohnkosten abzukoppeln, damit mehr Dynamik am Arbeitsmarkt auszulösen und den Sozialausgleich über das Steuersystem zu finanzieren, ist allerdings bis heute nicht erfolgreich kommuniziert worden. Den populistischen Vorwurf von Sozialdemokraten und der Linkspartei, aber teilweise auch aus den eigenen Reihen der Union, der Chefarzt zahle dasselbe wie die Krankenschwester, woran man sehe, wie unsozial das Modell sei, hat die Union bis heute nicht argumentativ entkräften können. Dabei ist doch jedem klar, dass diese Behauptung Unfug ist. Da die Pro-Kopf-Gesundheitsausgaben gerade nichts mit dem Einkommen der Versicherten zu tun haben, ist es nur sinnvoll und systemgerecht, dass die Krankenkassen für jeden Versicherten dieselbe Prämie erhalten. Das heißt keineswegs, dass auch jeder diese Prämie selbst entrichten muss. Im Gegenteil: Gerade die Geringverdiener sollen durch das Prämienmodell nicht mehr belastet werden, als dies heute der Fall ist. Dafür sorgt eine Kappungsgrenze, die in der Höhe des heutigen Beitragssatzes liegt. Dadurch, dass alle Bürger gemäß ihrer Leistungsfähigkeit in die über das Steuersystem erfolgende Umverteilung einbezogen werden sollen und nicht nur die Beitragszahler, wäre ein solches Modell sogar gerechter als das derzeitige.

Selbstverständlich wäre es mit einer alleinigen Reform der Finanzierungsseite nicht getan, weil ein rund 30 Milliarden Euro schwerer Sozialausgleich aus Steuermitteln schlichtweg nicht darstellbar ist. Deshalb müssen auch auf der Leistungsseite Einsparpotentiale erschlossen werden, die jedoch im Gegensatz zu den bisherigen reinen Kostendämpfungsmaßnahmen mit Strukturveränderungen einhergehen sollten. Dass dies möglich ist, zeigen andere Länder.

Wenn die bürgerliche Regierungskoalition nicht die Kraft aufbringt, das von der CDU einstmals favorisierte Gesundheitsprämienmodell umzusetzen, dann führt in meinen Augen kein Weg daran vorbei, nach anderen Wegen zu suchen, wollen wir uns nicht dauerhaft mit Notreparaturen zufriedengeben. Dazu bedarf es zuvörderst einer Neudefinition der Risiken, die zwingend von der Solidargemeinschaft zu tragen sind, weil sie im Falle des Eintretens den Einzelnen schlichtweg überfordern würden. Das Leitprinzip lautet also: Solidarische Absicherung großer Risiken – z. B. schwerwiegende, langfristige Erkrankungen, dauerhafte Invalidität –, Individualisierung kleinerer Risiken. Derzeit verlassen sich die Menschen auf den umfassenden staatlichen Schutz der gesetzlichen Krankenversicherung. Die Anreize, eigene Vorsorge zu betreiben und gesundheitsbewusst zu leben, sind völlig unterentwickelt. Dies führt dazu, dass das System deutlich überbeansprucht wird. Das gilt es zu ändern. Wir müssen stärker das Mittun der Versicherten einfordern. Leistungen, die nicht direkt an eine Erkrankung geknüpft sind, wie etwa Zahnbehandlung und -ersatz, sowie Schadensfälle, die durch eigenes Verhalten ausgelöst sind, wie etwa Sportunfälle oder die Folgen ungesunder Lebensweise, sollten aus der allgemeinen Absicherungspflicht herausgenommen und als Wahlleistungen privater Zusatzversicherungen angeboten werden. Dies würde die Pflichtbeiträge zur Krankenversicherung absenken und damit einen Beitrag zu mehr verantworteter Freiheit leisten.

Die Niederländer haben uns vor einigen Jahren eine an diesen Prinzipien orientierte Reform vorgemacht. Die für alle obligatorische Krankenversicherung deckt die Akutversorgung sowie einen Satz von Basisleistungen ab. Nicht im Basiskatalog vorgesehene Leistungen können durch private Zusatzversicherungen vereinbart werden. Die Finanzierung erfolgt etwa zur Hälfte einkommensabhängig über den Arbeitgeber, zur anderen Hälfte über eine Gesundheitsprämie, die die Versicherten zu entrichten haben und die der zentrale Wettbewerbsparameter für die Kassen ist.

Die Ziele der Reform, die Wahlmöglichkeiten der Versicherten zu erhöhen und somit die Marktfunktion zu stärken, die Eigenverantwortung, nicht zuletzt durch einen obligatorischen Selbstbehalt der Versicherten zu steigern und die Qualität und Wirtschaftlichkeit der Gesundheitsversorgung zu verbessern, sehen die meisten Versicherten als erfüllt an. Insgesamt herrscht eine beachtliche Zufriedenheit unserer Nachbarn mit diesem Modell.

Das soziale Auffangnetz:
Die Grundsicherung für Arbeitsuchende

Ein Thema, das mich während meiner elf Jahre als Ministerpräsident immer wieder intensiv beschäftigt hat, ist die Ausgestaltung des untersten sozialen Auffangnetzes, das wir als sozialer Rechtsstaat unseren Bürgern bereitzustellen haben und das Kernbestandteil der Sozialen Marktwirtschaft ist. Wenn Menschen auf die Hilfe des Staates angewiesen sind, kann das vielfältige Gründe haben. Manche haben es in ihrem ganzen Leben nicht geschafft, die bereits von den Eltern vorgelebte Sozialhilfekarriere zu verlassen; andere haben wegen zu geringer Qualifikation nie richtig einen Fuß in die Tür des Arbeitsmarktes bekommen; wieder andere haben berufliche oder persönliche Schicksalsschläge zu verkraften gehabt und – häufig wegen des Alters – keine Chance mehr bekommen, in den Arbeitsprozess zurückzukehren. Jeder Fall ist anders gelagert, pauschale Aussagen zu Einzelschicksalen verbieten sich.

2001 besuchte ich den hessischen US-Partnerstaat Wisconsin. Im Fokus der Reise stand für mich das dort Anfang der 90er Jahre unter der Regie des republikanischen Gouverneurs Thommy Thompson entwickelte Programm Wisconsin Works (W2), das einige Jahre später zum Vorbild für die US-amerikanischen Sozialhilfereformen wurde, die der demokratische Präsident Bill Clinton mit erstaunlichen Erfolgen umsetzen sollte. Mich faszinierten an dem dortigen Ansatz zwei Kernsätze, die Thompson immer wieder predigte. Einerseits: „Welfare reform is not to save money"; andererseits, an den Hilfebedürftigen gerichtet: „It's your job to find a job".

Den US-Reformern ging es nicht primär darum, mit den angestrengten Veränderungen Kosten für die öffentlichen Haushalte einzusparen. Sie wollten einen Mentalitätswechsel herbeiführen, bei den Langzeitarbeitslosen ebenso wie in der ganzen Bevölkerung. Man wollte sich nicht länger damit abfinden, dass Menschen passiv auf ein Jobangebot warteten und ihre staatliche Unterstützung abholten. Im Gegenteil: Man wollte das Bewusstsein dafür wecken, dass die Eigenbemühungen im Vordergrund stehen müssen, auch wirklich einen neuen Job zu finden. Und die amerikanische Philosophie lautete: Jeder kann etwas tun, um zu seinem Lebensunterhalt etwas beizutragen. Dafür wurde ein auf den Einzelfall zugeschnittenes intensives Betreuungs- und Vermittlungssystem aufgebaut, das die Motivation für die Aufnahme einer Beschäftigung durch ganz verschiedene, insbesondere finanzielle Anreize erhöhte und bestehende Barrieren abbaute. Die andere Seite der Medaille war die klare Aussage: Staatliche Unterstützungsleistungen sollte es nur geben, wenn auch die Bereitschaft bestand, eine Gegenleistung in Form von Arbeit zu erbringen.

Für die Amerikaner war es zudem nie eine Frage, ein solches Sozialhilfesystem zentral zu administrieren. Viele Staaten rund um den Globus, die der Philosophie der US-amerikanischen Sozialhilfereformen als Grundlage für eigene Reformmaßnahmen folgten, waren immer von der Idee einer dezentralen Lösung überzeugt. In den Niederlanden hat der damalige Arbeitsminister einmal gesagt, sein Land sei zu groß, um die Sozialhilfe zentral zu organisieren.

Die mich leitenden Ideen, die in einen eigenen hessischen Gesetzentwurf zur Zusammenlegung von Arbeitslosen- und Sozialhilfe im Jahr 2003 Eingang fanden, folgten den Grundüberzeugungen der Konservativen: Die dezentrale Verortung der neuen Leistung in den Händen der Kommunen, gemäß dem Prinzip der Subsidiarität; die Zusammenlegung beider Leistungen auf dem Niveau der Sozialhilfe, weil wir die Betroffenen motivieren wollten, so schnell wie möglich wieder diesen Zustand zu verlassen; die klare Ansage, dass, wer staatliche Leistungen empfangen will, dafür eine Gegenleistung in Form von Arbeit erbringen muss; sowie die komplette Umstellung der finanziellen Anreize zur Förderung einer (Vollzeit-)Beschäftigung.

Mit diesem Gesetzentwurf vom Juli 2003 kamen wir der rot-grünen Bundesregierung und deren „Hartz IV"-Entwurf einige Wochen zuvor, die wir dazu nutzten, die damalige Berliner Opposition aus Union und FDP sowie die unionsgeführten Länder von unserem Ansatz zu überzeugen. Im Herbst 2003 war klar, dass sich beide Entwürfe im Vermittlungsausschuss gegenüberstehen würden.

Die Verhandlungen in den Arbeitsgruppen, die den Vermittlungsausschuss vorbereiteten, waren zäh und mühsam. Zu weit lagen die Positionen auseinander, als dass man sich ansatzweise auf einen Kompromiss hätte verständigen können. So lautete das Ergebnis, das die Arbeitsgruppe „Wirtschaft und Arbeit" in Sachen Hartz IV dem Vermittlungsausschuss in den entscheidenden Punkten vorlegte: Keine Annäherung.

Leichter wurde es aber auch nicht, als unter Leitung von Bundeskanzler Schröder und der damaligen Oppositionsführerin Angela Merkel der Vermittlungsausschuss im Bundesrat seine Arbeit aufnahm. Das lag sicher auch an der schieren Fülle von Gesetzesvorhaben. Neben der Arbeitsgruppe „Wirtschaft und Arbeit" floss auch der gesamte Bereich der anderen Arbeitsgruppe „Steuern und Finanzen" in den Vermittlungsausschuss ein. Die Verhandlungen in der langen Nacht des Vermittlungsausschusses werden für mich immer ein Beispiel dafür bleiben, dass sich im Laufe des Lebens und des Aufstiegs in der politischen Karriere zugleich immer wieder bestätigt: Wir kochen eben alle nur mit „Wasser". Es war eine der Nächte, in denen Emotionen, Fachwissen, Ungeduld und Taktik das Schicksal der ganzen vorbereitenden Arbeiten und Analysen in die Hände einiger weniger Menschen legte, die mit professioneller Erfahrung, Machtinstinkt und Realitätssinn daraus eine gemeinschaftlich zu tragende Entscheidung treffen mussten.

Das Ergebnis des Vermittlungsverfahrens 2003 war in Sachen Hartz IV ein typischer Kompromiss, der natürlich auch einige „Kröten" beinhaltete. Es war mir aber gelungen, in der letzten Verhandlungsnacht ein Optionsrecht für die Kommunen festzulegen. Es sollte jedem Landkreis und jeder kreisfreien Stadt die Möglichkeit eröffnen, die Vermittlung und Betreuung von Langzeitarbeitslosen in Eigenregie auszuüben – ohne die ansonsten vorgesehene Zusammenarbeit mit der Bundesagentur für Arbeit in so genannten Arbeitsgemeinschaften. Auch bei den Arbeitsanreizen, also bei der konkreten Ausgestaltung der Hinzuverdienste, hatten wir einen Teilerfolg errungen, der es lohnender machen sollte, eine Beschäftigung aufzunehmen als im Leistungsbezug zu verharren. Diese Regelung wurde jedoch leider wenige Monate später schon wieder geändert.

Obwohl das Optionsrecht für alle Kommunen in einem Entschließungsantrag von Bundestag und Bundesrat einstimmig am 20. Dezember 2003 beschlossen wurde, fühlten sich Wolfgang Clement und die Bundesregierung wenige Wochen später nicht mehr an ihre Zusage gebunden. Sie fürchteten geradezu den von mir beabsichtigten Wettbewerb der verschiedenen Organisationsformen. Als der entsprechende Gesetzentwurf vorgelegt wurde, sollte die Option mit dem verfassungsrechtlichen Konstrukt der Organleihe verwirklicht werden, weil die Sozialdemokraten einer notwendigen Grundgesetzänderung zur Einlösung ihres ursprünglichen Versprechens ablehnend gegenüberstanden. Damit wären die Kommunen zum Büttel der Bundesagentur für Arbeit geworden. Das konnten wir nicht mitmachen, und so kam es binnen eines halben Jahres im Frühsommer 2004 zum zweiten Vermittlungsverfahren um Hartz IV.

Die Sozialdemokraten wollten unter allen Umständen eine beträchtliche Zahl von Optionskommunen verhindern und wehrten sich strikt gegen unseren Vorschlag, mindestens 25 % aller Kommunen ein Wahlrecht einzuräumen. So kam es dann zu einem der Kompromisse, die nur ein Vermittlungsverfahren hervorbringen kann, und die rational nicht zu erklären sind. Mit meinem Widerpart von den Sozialdemokraten, Ludwig Stiegler, handelte ich nächtens die Zahl von 69 Optionskommunen aus. Das war genau die Stimmenzahl aller Länder im Bundesrat. Jedes Land sollte so viele Optionskommunen erhalten, wie es Stimmen im Bundesrat hatte. Nicht gezogene Optionen wurden dann auf die anderen Länder nach Bedarf verteilt. Auf diese Weise wurde Hessen mit der Hälfte aller seiner Landkreise und kreisfreien Städte zum Optionsland Nummer eins, weil die anderen Länder zurückhaltender bei der Ausübung ihrer Optionsrechte waren.

Langzeitarbeitslose brauchen gezielte Hilfe

Das am 1. Januar 2005 in Kraft getretene „Vierte Gesetz für moderne Dienstleistungen am Arbeitsmarkt", kurz Hartz IV genannt, hatte das erklärte Ziel, die Zahl der vormaligen Arbeitslosen- und Sozialhilfebezieher deutlich zu reduzieren und zugleich die Haushalte von Bund, Ländern und Kommunen mittelfristig erheblich zu entlasten.

Mehr als fünf Jahre nach dem Inkrafttreten von Hartz IV sind nicht nur diese beiden Kernziele verfehlt. Insgesamt kann man sicher mit den Ergebnissen nicht zufrieden sein. Die Zahl der Menschen, die auf Hartz IV-Leistungen angewiesen ist, hat sich kaum verändert. 45 % der Empfänger von Leistungen der Grundsicherung für Arbeitsuchende verharren seit Jahren dauerhaft im Leistungsbezug. 40 % derjenigen, die den Wiedereinstieg vorübergehend schaffen, sind spätestens nach einem Jahr erneut auf staatliche Unterstützung angewiesen. Das zeigt: Hier besteht erheblicher Verbesserungsbedarf.

Völlig unbestritten ist: Viele, sehr viele Menschen sind unverschuldet langzeitarbeitslos geworden, sie haben jede Hilfe der Solidargemeinschaft verdient. Viele bemühen sich intensiv um eine Stelle. Nicht wenige von ihnen sind Menschen, die viele Berufsjahre in qualifizierten Jobs vorweisen können. Aber es ist ebenso völlig unbestritten, dass eine deutlich sichtbare Minderheit das bestehende System ausnutzt und damit den gesellschaftlichen Zusammenhalt einer großen Belastungsprobe aussetzt. Wenn der für das Sozialgesetzbuch II, also „Hartz IV" zuständige Vorstand der Bundesagentur für Arbeit, Heinrich Alt, allen Ernstes in der Diskussion vom Januar 2010 behauptete, 97,6 % aller Hartz IV-Empfänger wollten arbeiten, dann zeigt das, dass er seine Statistiken über die Sanktionsquoten kennt, aber vom realen Geschehen meilenweit entfernt ist. Wenn Millionen von Bürgern, die jeden Tag hart arbeiten, sehen, dass es Menschen gibt, die ohne jede eigene Anstrengung folgenlos annähernd das gleiche Einkommen erhalten wie sie und das System ausnutzen, dann rührt das an die Grundfesten der Vorstellung von sozialer Gerechtigkeit.

Und genau dafür gibt es klare empirische Evidenz. In einigen der dreizehn hessischen Optionskommunen sind mit Unterstützung der hessischen Landesregierung seit mehr als zwei Jahren Sofortangebote an Langzeitarbeitslose eingeführt worden. Nach dem Vorbild der überaus erfolgreichen und mittlerweile auch durch die Bundesarbeitsministerin entdeckten niederländischen Werkakademien werden Langzeitarbeitslose aller Altersgruppen und Qualifikationsniveaus in Teamarbeit intensiv und gezielt betreut, um den Wiedereinstieg in den Arbeitsmarkt zu schaffen. Aktive Mitwirkungspflicht ist Voraussetzung für die Teilnahme. Die Erfahrungen vor Ort zeigen zweierlei: erstens beeindruckende Quoten der Vermittlung in den ersten Arbeitsmarkt von 40 bis 50 %. Zweitens eine Quote von 10 bis 15 % der Teilnehmer, die ihren Antrag zurückziehen oder die sich einer aktiven Zusammenarbeit verweigern und als Folge von dem Programm ausgeschlossen werden. Diese Quote von 10 bis 15 % stellt keineswegs einen Einzelfall dar. Erfahrungen in anderen Ländern (Übersee, West- und Osteuropa bis hin in den Nahen Osten), die bereits seit vielen Jahren mit diesem Ansatz operieren, zeigen, dass diese Größenordnung durchaus repräsentativ ist.

Wir müssen das Instrumentarium der Sofortangebote massiv ausweiten, nach meiner Auffassung eben auch in Form gemeinnütziger Bürgerarbeit oder Gemeindearbeit, und dies gerade auch im Sinne derer, die den Wiedereinstieg in den Arbeitsmarkt suchen. Wer in diesem Zusammenhang von einem repressiven Menschenbild spricht, sollte sich die Einrichtungen in den hessischen Optionskommunen einmal anschauen. Die überwältigende Mehrheit der Teilnehmer äußert sich zufrieden und ist dankbar für die sich ihr bietenden Möglichkeiten.

Die richtigen Anreize setzen

Ein weiteres Indiz für beträchtliche Fehlentwicklungen im bestehenden System ist die Praxis der Hinzuverdienstmöglichkeiten. Dabei geht es um die Frage, wie viel vom eigenen Erwerbseinkommen bei der Aufnahme einer Beschäftigung auf die Transferleistung angerechnet wird. Mehr als 1,3 Millionen Hartz-IV-Empfänger, die einer Beschäftigung nachgehen und aufstockend Transferleistungen, also einen Kombilohn aus eigenem Einkommen und staatlichem Zuschuss beziehen, sind für Sozialdemokraten und Linke in unserem Land ein Indiz für Armutslöhne, für die „working poor" unserer Gesellschaft. Ist das wirklich so? Wer sich die Zahlen genauer ansieht, muss zu einem anderen Schluss kommen. Nahezu 60 % der sogenannten Aufstocker arbeiten für einen Betrag von weniger als 400 Euro im Monat, Tendenz steigend. Gerade unter den Alleinstehenden, die aus ihrem Erwerbseinkommen nicht noch eine Familie mitversorgen müssen und für die es insoweit noch relativ leicht ist, sich aus dem Transferentzug zu befreien, tritt dieses Phänomen häufig auf. Zwei Drittel der erwerbstätigen Aufstocker unter den Singles gehen aber nur einem Minijob nach. Keine 15 % aus dieser Gruppe arbeiten für 800 Euro oder mehr. Ganz offensichtlich werden hier überwiegend nicht Teilzeit- oder Vollzeittätigkeiten mit Hartz-IV-Leistungen aufgestockt, sondern nur zeitlich sehr überschaubare Erwerbsarbeit, ohne dass die Intention besteht, diese auszuweiten. Renommierte Wissenschaftler sprechen in diesem Zusammenhang von „Tarnkappenbeschäftigung". Solche Hinweise können wir nicht einfach ignorieren. Obwohl ich die Aufnahme einer wenn auch nur geringfügigen Beschäftigung als Wiedereinstieg in den Arbeitsmarkt sehr begrüße – eines liegt doch auf der Hand: Zumindest eine beträchtliche Anzahl derjenigen, die dauerhaft nur für ein paar hundert Euro einige wenige Stunden im Monat arbeiten und ergänzend Hartz IV-

Leistungen beziehen, hat sich im System eingerichtet. Das ist bei Alleinerziehenden und Familien durchaus differenziert zu betrachten. Hier zeigt sich aber auch ein anderes Bild. Vergleichsweise deutlich mehr Hartz IV-Empfänger, die Familie haben, arbeiten für 800 Euro und mehr und stocken den Rest staatlich gefördert auf.

Daran kann ein Konservativer nichts grundlegend Falsches oder gar Verwerfliches finden. Mit einem gesetzlich verordneten, womöglich noch flächendeckenden Mindestlohn verwehren wir gerade den gering qualifizierten Menschen, die weit überproportional von Langzeitarbeitslosigkeit betroffen sind, die Teilhabe am Arbeitsleben. Da ist es doch allemal besser, wenn diese Menschen zunächst einer einfachen Tätigkeit mit einer entsprechend geringen Entlohnung nachgehen und so eine Qualifizierung im Job erfahren, als dass sie nichts tun und vollständig auf staatliche Unterstützung angewiesen sind. In der Konsequenz kann es dann sein – insbesondere wenn es sich um Alleinverdiener handelt, die eine größere Familie zu versorgen haben –, dass das selbstverdiente Einkommen durch staatliche Transfers zu einem Kombilohn aufgestockt wird. Allerdings kommt es bei solchen Kombilohnmodellen auf die richtige Ausgestaltung an. Die seit 2005 bestehende Regelung bewirkt eher, dass sich die Langzeitarbeitslosen im Hartz IV-System einrichten.

Wenn ein Langzeitarbeitsloser die ersten 100 Euro brutto wie netto hinzuverdienen kann und ihm mit zunehmendem eigenem Erwerbseinkommen prozentual immer mehr auf die Hartz IV-Leistungen angerechnet wird, dann ist es ein durchaus rationales Verhalten, sehr bald die eigenen Bemühungen einzustellen. Erst recht, wenn der aufgrund geringer Qualifikation gezahlte Stundenlohn niedrig ist. Deshalb müssen die gesetzlichen Hinzuverdienstregelungen so geändert werden, dass sie den Ausstieg aus dem Leistungsbezug und den Einstieg in sozialversicherungspflichtige (Vollzeit-) Beschäftigung fördern.

Das ist eine Frage von richtig gesetzten Anreizen. Geringfügige Beschäftigung plus aufstockende Hartz IV-Leistungen plus gegebenenfalls Einkommen aus Schwarzarbeit ist kein staatlich akzeptiertes Kombilohnmodell. Ich warne allerdings davor, die Anrechnungssätze bei höherem Einkommen lediglich zu reduzieren, den Status quo ansonsten aber beizubehalten. Das würde zu Hunderttausenden neuen Anspruchsberechtigten führen, die ihr Einkommen aufstocken – und damit zusätzliche Lasten für den Steuerzahler bedeuten. Nein, wir müssen das Anreizsystem endlich vom Kopf auf die Füße stellen, das heißt die Förderung von Minijobs im Arbeitslosengeld II-Bezug reduzieren und die Förderung sozialversicherungspflichtiger Beschäftigung erhöhen. Dann werden wir die erhoffte Wirkung erzielen, weil sich mehr Arbeit auch lohnt.

Damit schließt sich aus der Sicht des Konservativen auch hier der Kreis: Eine Gesellschaft kann ohne die soziale Dimension nicht in Frieden und Freiheit existieren. Aber es ist zunächst immer die Freiheit, auf seine eigene Art für sich selbst zu sorgen und nicht die Freiheit, sich ein Leben auf Kosten anderer zu planen. Wer das beherzigt und vor Problemen steht oder scheitert, hat einen moralischen und rechtlichen Anspruch, alles von der Gemeinschaft zu erhalten, was er zu einer würdevollen und gleichberechtigten Teilhabe an einer freien Gesellschaft benötigt. Ausgerechnet in der aufstrebenden, aber immer noch sozialistischen Republik Vietnam habe ich von einem der höchsten politischen Repräsentanten eine gleiche Erkenntnis gehört: „Unsere Sozialpolitik gibt Menschen eine Angel um zu fischen, aber wir geben ihnen keinen Fisch". Es könnte also sein, dass ein konservativer Grundsatz universelle Geltung erhält.

7. Das patriotische Band

Was eine freiheitliche Gesellschaft zusammenhält

Wir brauchen in Deutschland einen Konsens darüber, was eine Gemeinschaft zusammenhält. Wie wir einen solchen Konsens begründen können und was ihm entgegensteht, darum geht es in dem folgenden Kapitel. Eine neue Chance für solches Denken besteht für mich in einer vertieften Sicht und einer neuen Wertschätzung des Patriotismus. Patriotismus ist ein Wort, das von manchen vorschnell in die Nähe des Nationalismus und Chauvinismus gerückt wird. Der Begriff sagt aber, wenn man seinen Kern betrachtet, etwas grundlegend Positives über die Bindekraft einer Gemeinschaft aus, die auf einem fundamentalen Konsens beruht: Er beschreibt ein individuelles Zugehörigkeitsgefühl im Sinne emotionaler Verbundenheit mit den Werten, Leistungen und kulturellen Grundlagen des eigenen Landes, aus welchem sich ein gemeinschaftsstiftendes Bekenntnis und Gemeinsinn entfalten. Diese emotionale Verbundenheit ist der Boden, auf dem Gemeinsinn erst wachsen kann. Die Idee, dass Patriotismus Grundlage einer Frieden und Freiheit sichernden Bürgergesellschaft ist, basiert auf den Wertvorstellungen eigenverantwortlicher Personen. Damit sie mit möglichst wenig Bevormundung in solidarischer Eigeninitiative ein Gemeinwesen erfolgreich und geglückt gestalten können, benötigen sie u. a. die positiven sozialen Erfahrungen der Familie, sie sollten am kulturellen Gesellschaftsleben partizipieren können, sie brauchen zudem eine ihren Fähigkeiten entsprechende Ausbildung und die Chance zur erfolgreichen Teilnahme an der Erwerbsgesellschaft.

Eine freiheitliche Gesellschaft auf der Grundlage patriotischer Gesinnung zu entwickeln, ist eine alte Idee und dennoch immer wieder herausfordernd. „Nationalstolz" im klassischen Sinne, wie ihn Deutschland lange erlebt hat, werden die Deutschen bei wacher geschichtlicher Erfahrung nicht wieder bekommen können und wollen. Aber eine Gesellschaft, die zusammenhalten will, braucht die Liebe zum eigenen Land. „Liebe" zum „Land"? Man schämt sich in Deutschland fast, es zu sagen. Dabei gehen bei einer solchen Diskussion heute juristische und emotionale Begriffe wie Land, Heimat, Staat, Nation und Volk leicht ineinander über. Ich gehe von einer glücklicherweise wieder vereinten deutschen Nation aus, die sich heute in dem Staat Bundesrepublik Deutschland wiederfindet. Seine Staatsbürger bilden das deutsche Volk, wo auch immer ihre Wurzeln waren. Sie verbindet Loyalität und Liebe zu ihrem Land. Der sehr emotionale Begriff der Heimat ist da weit schwerer zu fassen. Heimat ist nah und fern zugleich. Meine Heimat ist natürlich Deutschland, aber mehr noch Hessen und Frankfurt. Manche meiner Freunde sprechen von ihrer Heimat in Siebenbürgen oder gar von ihrer Heimat in Spanien oder der Türkei. Sie schwanken dann oft zwischen der alten Heimat ihrer Eltern und ihrer heutigen Heimat, wo sie selbst ja oft schon geboren wurden.

Es ist ein Verdienst der Konservativen, dass man heute in diesem Sinn wieder über Patriotismus sprechen kann. Und es gehörte zu den Irrtümern der Generation nach 1968, dieses Bedürfnis einer Gesellschaft zu ignorieren. Es war Bundespräsident Horst Köhler, der 2004 den Mut hatte, von der „Liebe" zu seinem Land zu sprechen. Ein Amtsvorgänger von Horst Köhler, Bundespräsident Gustav Heinemann, beeindruckte seine Anhänger mit dem Satz „Ich liebe nicht den Staat, ich liebe meine Frau". Die Apologeten des Untergangs konservativer Ideen hätten die Reihenfolge der Aussagen der beiden Bundespräsidenten wahrscheinlich genau umgekehrt vorausgesagt.

Der Historiker Michael Stürmer wollte in dem im Jahr 1986 entbrannten sogenannten „Historikerstreit" die Begriffe Patriotismus und Nation auch im deutschen Kontext wieder positiv besetzen und bewertete den Triumph Hitlers als eine Niederlage „bürgerlicher Tugenden". Erbitterter Widerstand und eine breite und heftig geführte Debatte waren die Folge. Diese Debatte flaute erst zwei Jahre später wieder ab. Und schon zwölf Monate später erklang von 17 Millionen Menschen in der sich auflösenden DDR der Ruf „Wir sind ein Volk". Es wehten überall schwarz-rot-goldene Fahnen, und man spürte Liebe zum Land, wo man sie nie vermutet hätte.

Oder denken wir an Jürgen Habermas: Von seinem sehr entemotionalisierten Begriff des Verfassungspatriotismus bis zu seiner Friedenspreisrede 2001 in der Paulskirche ist es ein weiter Weg. Seine These, der liberale Verfassungsstaat sei auf die „säkularisierende Einbindung religiös verkapselter Bedeutungspotentiale" dringend angewiesen, war ebenso eine historische Weichenstellung wie seine Feststellung: „Wenn die moralischen Gehalte von Grundrechten in Gesinnungen Fuß fassen sollen, genügt der kognitive Vorgang nicht" (Vortrag von Jürgen Habermas am 19. Januar 2004 in der Katholischen Akademie München zur Diskussion mit Kardinal Ratzinger). So fanden auch der ehedem so religionskritische Philosoph und der heute als Papst amtierende Joseph Ratzinger eine gemeinsame Brücke. Chateaubriand als der Erfinder des Wortes „konservativ" hätte das in seiner Sprache das „Festhalten an gesunden Lehren" genannt.

Liebe zu einem Land kann man nicht beschließen. Liebe muss man leben. Man muss den Mut, die Kraft und die Gewissheit haben, sie zu leben. Nur dann können wir sie weitergeben. Andernfalls werden junge Menschen davon nicht zu überzeugen sein. Eine emotionale innere Bindung ist auch in einer demokratisch verfassten Gesellschaft nicht nur möglich, sondern sie ist die Voraussetzung für die Existenz einer Gemeinschaft, die sich als verfasste Gesellschaft erfahren soll. Wer sich über das Land, das man liebt, unterhält, kommt irgendwann auf den Begriff der Schicksalsgemeinschaft: Man teilt etwas Gemeinsames und ist im Guten wie im Schlechten miteinander verbunden. In Zeiten der Not ist die Solidarität der Gemeinschaft wirklich unverzichtbar. Bei unserer Geschichte mit ihren Brüchen und Schwierigkeiten und mit ihren Fehlern ist dies sicher schwieriger als bei anderen Nationen. Es gibt Gründe dafür, warum in den letzten 60 Jahren diese Debatte hierzulande in leiserem Ton geführt worden ist als in vielen Nachbarländern. Es gibt Gründe dafür, warum unsere französischen, britischen und polnischen Nachbarn manchmal gar nicht verstehen, wenn wir über etwas diskutieren, was in ihrem Leben selbstverständlich ist. Und diese Gründe sind nicht alle wegzuschieben. Sie gehören eben auch zu dem Wiederentdecken der Erfahrung, in einem Land zu leben, das man lieben kann. Nach 1945, nach dem erlebten Schicksal am Tag der Niederlage und der Befreiung, haben sich viele mit dem Wort Vaterlandsliebe schwer getan. Aber Deutschland ist heute ein Land, das diese Liebe ebenso braucht wie all die anderen Nationen Europas und der Welt, die nur mit eigenem Selbstbewusstsein zu ehrlichen, friedlichen Partnern werden können.

Der Gedanke eines patriotischen Bandes, das ein Volk in den Zeiten der Demokratie und Freiheit zusammenhält, ist zwar konservativ, aber nach all den flüchtenden Diskussionen auch wieder modern. Wenn Konservative den Begriff des Patriotismus allerdings als Teil ihres Selbstverständnisses nutzen wollen, müssen sie ihn mit Leben erfüllen. Patriotismus beschreibt kein gefühlig-nationales „Wellnesskonzept", mit dem sich eine Nation umgeben kann. Der Begriff verweist auf die Selbstverpflichtung des Bürgers für sein Land, in das er entweder geboren wurde oder für das er sich willentlich entschieden hat (nach Kronenberg in Zehetmeier, Zukunft braucht Konservative, Freiburg 2009, S. 86). Wer für sich in Anspruch nimmt, ein Patriot zu sein, entschließt sich damit, für sein Land selbst tätig einzustehen, im normalen Alltag ebenso wie bei Bedrohung und Katastrophe. Es ist eine bestimmte Art zu leben, in einer bestimmten Welt, die es aktiv mitzugestalten gilt und die zu verteidigen sich lohnt.

Gemeinsamkeit muss gelebt und erfahrbar sein. Das geht nur, wenn Menschen sich auch binden. Wer erreichen will, dass ein ganzes Volk aus freiem Willen eine solche Bindung auch wirklich lebt, darf das nicht nur in politisch-akademischen Debatten und in feuilletonistischen Zirkeln begründen, sondern er muss es zum zentralen Punkt der programmatischen Konzeption machen. Er muss auch fähig sein, Mythen und Symbole in der richtigen Weise zu nutzen. Denn es geht nicht um das Aufgehen des Einzelnen in einem „großen Ganzen", sondern um Gemeinsamkeit und Bindung, die eine positive Auswirkung auf das Gemeinwohl haben. Das ist ein wichtiger Unterschied.

Fahne und Nationalhymne sind solche Symbole. Der Respekt vor staatlichen Institutionen gehört ebenso hierher. Aber auch in fröhlichen Volksfesten, in der Fähigkeit zum gemeinsamen Trauern oder in der solidarischen Hilfe bei Naturkatastrophen wird sichtbar, was gemeint ist. Ich erinnere mich, welche von Verdächtigungen begleitete Empörung ich auslöste, als ich auf die Frage eines Journalisten, ob denn meiner Meinung nach alle Kinder in der Schule die Nationalhymne auswendig lernen müssten, antwortete: „Sie müssen nicht, aber besser wäre es schon". Heute weiß ich, dass die Formulierung zu schwach war. Die Antwort muss ebenso wie in Amerika, Frankreich, Polen und fast jedem anderen Land auf der Welt lauten: „Ja, sie müssen". Sie sollen sie mit Stolz, mit Freude, vielleicht manchmal auch mit Tränen in den Augen mitsingen können, warum auch immer ihnen danach ist. Allerdings darf es dann auch nicht mehr vorkommen, dass bei den Feierlichkeiten zum 3. Oktober, wie ich es erlebt habe, der Text der Nationalhymne auf allen Stühlen der Repräsentanten von Staat und Gesellschaft liegt.

Die Fußball-Weltmeisterschaften sind ja inzwischen zu einem unbestritten korrekten Reservoir patriotischer Empfindungen geworden. Nicht nur der WM-Sieg 1954 im „Wunder von Bern" hat viel für das Selbstwertempfinden und das Gemeinschaftsgefühl der Nachkriegsdeutschen bedeutet. Ich glaube kaum, dass sich die Generation der 68er ihren Marsch durch die Institutionen so vorgestellt hat, dass sich ihre Enkel 2006 und 2010 mit schwarz-rot-golden bemaltem Gesicht vor nationaler Euphorie in Massenveranstaltungen, neudeutsch „public-viewings", bei einem deutschen Tor vor ekstatischer Begeisterung kaum retten konnten. Und klammheimlich montierte dann auch der Opa eine „Aufsteck-Nationalflagge" oder gar einen schwarz-rot-goldenen „Außenspiegelüberzug" auf sein Fahrzeug. Der allgemeine Eindruck war ganz einfach: Ein fröhliches und selbstbewusstes Deutschland! Spießig wird die ganze Sache erst dann wieder, wenn der Senat von Berlin die Deutschlandfahne auf Polizeiautos mit dem Argument verbietet, ein solches Symbol könne andere Nationalitäten verletzen. Rückfälle in die Mitte des letzten Jahrhunderts sind also noch immer möglich, wenn auch selten. In Hessen, wie in den meisten anderen Bundesländern, gab es viele Polizeifahrzeuge mit den Wimpeln, die die Beamten mitgebracht hatten.

Mein Amtsvorgänger als Hessischer Ministerpräsident, Georg-August Zinn, hat übrigens die Idee, emotionale Bindungen durch die Erfahrbarkeit von Zusammengehörigkeit zu vertiefen, auf der Ebene eines Bundeslandes umgesetzt. Er begründete 1961 den sogenannten „Hessentag". Hintergrund war eine aktuelle Herausforderung: Heimatvertriebene, die in den 50er Jahren in Hessen ein Drittel der Bevölkerung darstellten, mussten schnell integriert werden. Diese Veranstaltung hat inzwischen Tradition und zieht heute bis zu einer Million

Menschen (bei nur sechs Millionen Hessen) jährlich in jeweils eine Stadt in Hessen. Es wurde ein buntes Fest, auf dem Zusammenhalt zelebriert wird, und das gleichzeitig jede Region mit ihren präsentierten Traditionen und Eigenheiten stolz sein lässt.

Nur wenn die emotionale Bindekraft trägt, erträgt ein Volk auch Schicksalsschläge und besteht Herausforderungen. Das Oder-Hochwasser 1997 hat in den Anfangsjahren der wiedervereinigten Bundesrepublik geradezu einen Mythos des Zusammenhaltes begründet. Die Bundeswehr erscheint seit den Fernsehbildern von Menschenketten mit Soldaten aller Rangstufen, Hand in Hand mit zivilen Helfern bei der Sicherung der Deiche, in einem neuen, sympathischen Licht. Diese gewaltige Überschwemmung war eine Bedrohung für Menschenleben und für Hab und Gut. Am Ende bleibt der Mythos einer Nation in der kollektiven Erinnerung, die nicht nur wieder vereint ist, sondern die auch zusammenhält. Patriotismus ist hier nicht abstrakt. In solchen Ereignissen wird Gemeinschaft unmittelbar erfahren.

Freiwillige Gemeinsamkeit und organisierter Staat

Patriotismus hat neben seinem emotionalen jedoch auch einen konzeptionellen Kern. Wenn es um das gemeinsame Band von Menschen geht, sein Land zu tragen, dann stellt sich automatisch die Frage, welche Rolle der organisierte Staat in einem auf freiwillige Gemeinsamkeit aufgebauten Gemeinwesen haben soll. Es gehört zu den verbindlichen Wertvorstellungen des Konservativen am Anfang des 21. Jahrhunderts, dass er den Staat mit dem besorgten Blick des freien Bürgers sieht. Bürokratische und allzuständige Wohlfahrts- und Interventionsstaaten bedrohen die freie Entfaltung des Einzelnen und zerstören gleichzeitig seinen patriotischen Impetus. Sie suggerieren ihm ja ständig, der Staat mache schon alles und der einzelne Bürger werde nun wirklich nicht gebraucht.

Wer über die konservativen Vorstellungen zur Staatsorganisation spricht, betritt historisch vergleichsweise schwieriges Gelände. Man kann beim besten Willen nicht sagen, dass die konservativ genannten Ordnungsvorstellungen von Edmund Burke bis Carl Schmitt immer einen möglichst schwachen Staat vor Augen hatten. Viele verteidigten lange die Einheit von Staat und Kirche, und das war dann eben kein schwacher und zurückhaltender Staat. Einer der Radikal-Konservativen, Donoso Cortès (1809–1853), beschäftigte bis in die Neuzeit immer wieder all diejenigen, die dem Konservativismus die demokratische Legitimation streitig machen wollten. Cortès schrieb: „Wenn die Legalität genügt, die Gesellschaft zu retten, dann die Legalität; wenn sie nicht genügt, bleibt nur die Diktatur" (Rüdiger Voigt, Thomas Hobbes und Carl Schmitt – Ausgangspositionen konservativen Staatsdenkens, S. 49, in: Hans Zehetmair (Hrsg.), Zukunft braucht Konservative, Freiburg et al., 2009). Letztlich ist das konservative Staatsverständnis ein wichtiger Beleg dafür, dass eben auch konservative politische Positionen nicht naturgesetzlich begründet sind, sondern in Raum und Zeit ihre Berechtigung oder Aufhebung erfahren. So sind die stark autoritär geprägten Elemente in der Folge der Französischen Revolution auch noch von den Souveränitätsgedanken des Obrigkeitsstaates geprägt. Konservative Politik schon im 20. Jahrhundert, besonders aber im 21. Jahrhundert steht auf dem Boden von Volkssouveränität und Demokratie, Gewaltenteilung und Rechtsstaat.

Die Frage, was eigentlich im Falle eines Ausnahmezustandes geschehe und was denn konkret ein Ausnahmezustand ist, hat die konservative philosophische Debatte lange begleitet. Für uns in Deutschland hat das Grundgesetz diese Debatte beendet – ganz besonders vor dem Hintergrund der deutschen Geschichte mit dem individuellen Widerstandsrecht des Artikels 20, Absatz 4 des Grundgesetzes. Dass diese Debatte mit ihren

Verwirrungen nicht nur eine konservative Debatte ist, wissen alle Teilnehmer der hessischen Bildungsplandebatten der 70er Jahre, in der die linken Lehrplanmacher als Unterrichtsziel einführen wollten: „Lernen, dass es Situationen gab oder gibt, in denen es zur Durchsetzung [...] geboten ist, formaldemokratische Spielregeln außer Kraft zu setzen" (Rahmenrichtlinien Gesellschaftslehre, Hessisches Kultusministerium, 1972).

Vertrauen in einen starken, verlässlichen Staat

Das in der geschichtlichen Veränderung gewachsene konservative Staatsverständnis stellt die friedenssichernde und freiheitssichernde Funktion der staatlichen Ordnung in den Mittelpunkt. Der einzelne Mensch ohne seine Verpflichtung zur Einordnung in eine Gemeinschaft wird Instrument der Anarchie. Kein Mensch kann im Rahmen seiner Begabungen glücklich werden, wenn er nicht Rücksichtnahme genießt und Rücksicht nimmt. Verglichen mit dem heutigen Verständnis des Staates waren die Obrigkeitsstaaten der Zeit vor der Französischen Revolution allerdings eher minimalistisch aufgestellt, trotz ihres absoluten Anspruchs. Sie hatten keinen Anspruch, eine Ordnung für alle Bereiche des Lebens zu schaffen. Armee, Straßen und Steuern waren geregelt, soziale Rechte, Justiz, Familienrecht, Umwelt: Das alles kam noch nicht vor. Heute können staatliche Regeln für fast jeden Aspekt menschlichen Zusammenlebens gefunden werden. So sehr Konservative einen starken Staat wollen, so skeptisch sind sie gegen noch so gut gemeinte Allmachtphantasien im Namen noch so gut begründeter Ziele. So geraten heute Konservative in die Rolle derer, die eher die staatliche Regelungsdichte in der Gesetzgebung reduzieren und die Bevormundung individueller Lebensgestaltungen durch den Staat abbauen wollen. Auf die Bestrebungen der Reduzierung der staatlichen

Einflusszonen werde ich noch zu sprechen kommen. Davor sind allerdings einige Bemerkungen zu der immer noch herausragenden Bedeutung eines starken, mit Autorität versehenen Staates nötig. Dabei beschränke ich mich auf das Feld der Sicherheit, denn von den Fragen der Wirtschaftsordnung war schon die Rede.

Zu den Verantwortungen der Länder und damit eines Ministerpräsidenten gehört in weitem Umfang die innere Sicherheit. Als ich im Jahr 1999 die Verantwortung übernommen habe, waren die sogenannten „Chaos-Tage von Hannover" von 1995 noch sehr stark im allgemeinen Bewusstsein. Der niedersächsischen Polizei war es damals nicht gelungen, Zerstörungen und Plünderungen bisher nicht gekannten Ausmaßes zu verhindern; im Gegenteil, der Polizei blieb angesichts der Chaoten-Übermacht nichts anderes übrig, als sich zurückzuziehen und zuzusehen. Mein damaliger Innenminister und heutiger Amtsnachfolger Volker Bouffier und ich waren uns vom ersten Tag an einig, dass die Autorität und Handlungsfähigkeit des Staates ein kostbares Gut ist und auf jeden Fall bewahrt werden muss. Nach einem Jahrzehnt gemeinsamer Arbeit ist in Hessen nicht nur die Verbrechenszahl rückläufig und die Aufklärungsquote in die Nähe bayerischer Spitzenwerte gestiegen. Wichtiger ist: Keine einzige Demonstration ist der Polizei entglitten. Wir hatten immer lieber zu viel Polizei vor Ort, als einmal ein „Hannover" zu erleben. Aus dem gleichen Grund liegt Hessen ganz hinten bei der Häufigkeit rechtsradikaler Straftaten. Die hessische Polizei lässt sich nicht zum Narren halten. Wir haben jeden Rechtsradikalen im Auge, unterbinden illegale gemeinsame Auftritte früh und haben an den kritischen Jahrestagen genug Beamte in Hubschraubern einsatzbereit, so dass die rechte Szene Hessen heute als ungeeigneten Operationsraum ansieht. So stelle ich mir den starken demokratischen Rechtsstaat vor. Entschlossenes, rasches und konsequentes Handeln, wenn es um die Verteidigung unserer Rechts- und Werteordnung geht, ist ein Ausdruck von Verlässlichkeit, die wiederum Vertrauen und damit Bindung schafft und so die tragfähige Beziehung zwischen Institutionen und Bürgern nachhaltig sichert.

Wenn wir heute in der Gefahr sind, dass, aus welchen Gründen auch immer, sich in einigen Bundesländern die Polizei aus einigen von kriminellen Gangs beherrschten Stadtteilen zurückzieht, zeigt das die Aktualität dieser Herausforderung. Diese Herausforderung kennen wir bisher eigentlich nur aus anderen Ländern der Welt. Die Bürger in Deutschland gehen nach wie vor davon aus, dass es keine rechtsfreien Räume gibt und die deutsche Polizei Herr auf allen Straßen ist, dass sie ihre Ordnungsmacht auch in „problematischen" Vierteln erweist, und dass das für alle gesellschaftlichen Gruppen in gleicher Weise gilt. In der Tat erinnere ich mich, dass sich während meiner Amtszeit in einer hessischen Stadt Polizeibeamte nach Angriffen von jugendlichen Gangs in die Polizeistation zurückziehen mussten. Wir haben in dieser Stadt verschiedene polizeiliche Maßnahmen so verstärkt, dass sich ein solches Ereignis nicht wiederholt hat. Dennoch kann man die Gefahr des Bestehens von rechtsfreien Räumen nicht leugnen. Oft sind es junge Menschen, die ohne eigene wirtschaftliche Perspektiven ihren Stolz aus der vermeintlichen Stärke ihrer kriminell gewordenen Gruppe ziehen. Dies geht einher mit einem Maß an Gewalt, das so in früheren Zeiten nicht zu beobachten war. Für mich persönlich macht sich dies am eindrucksvollsten an der Tatsache fest, dass nach all meiner Erinnerung Jugendliche meiner Generation auch bei körperlichen Auseinandersetzungen den Kopf des Opfers geschont haben. Heute sehen wir, wie mit unmenschlicher Härte gerade der Kopf das Ziel brutalster Angriffe ist. Viele meinen, die richtige Antwort auf diese Veränderung sei ein verstärkter Einsatz von Sozialpädagogen. Diese Antwort teile ich durchaus. Wir haben in Hessen mit der Einrichtung von Präventionsräten und einer deutlich veränderten Zusammenarbeit mit den verschiedenen Institutionen und Vereinen vor Ort alles Mögliche getan, um soziale Intervention so stark wie möglich zu machen. Andererseits gilt auch hier, dass am Ende der Respekt vor der Autorität des Staates nicht in Mitleidenschaft gezogen werden darf. Der Bürger muss sich des Schutzes sicher sein und der Täter die Antwort des Staates fürchten.

Im Landtagswahlkampf 2008 in Hessen hat dieses Thema eine besondere Rolle gespielt. Vorausgegangen war der schreckliche Angriff Jugendlicher auf einen Münchner Rentner. Die davon aufgezeichneten Videobilder waren in allen Medien zu sehen. Trotz aller Anstrengungen meiner damaligen Regierung ist während des Wahlkampfes der Eindruck entstanden, wir würden uns um dieses Thema nur in der Wahlkampfzeit kümmern. Das war fatal. Tatsächlich waren die Zahlen der Straftaten Jugendlicher mit Gewaltanwendung in Hessen keineswegs besonders negativ. Aber eine durchaus professionelle Wahlkampagne der Opposition gab den Bürgern das Gefühl, auch in Hessen werde nicht genug getan, und deshalb seien die Forderungen nach einer Verschärfung des Jugendstrafrechts falsch. Auch heute, und damit weit jenseits von Wahlkämpfen, bleibe ich dabei, dass der Rechtsstaat keinen Anlass hat, gerade gewaltbetonte Straftaten von Jugendlichen besonders mild zu beurteilen. Konkret heißt das nach wie vor, dass das Strafmaß für Mord angehoben werden muss und dass Über-18jährige, die ja auch sonst voll verantwortlich sind, nur in eng beschriebenen Ausnahmesituationen als Jugendliche bestraft werden dürfen, sonst aber nach Erwachsenenstrafrecht zu behandeln sind. Bei allen diesen Maßnahmen geht es um die Autorität des Staates als Voraussetzung für die Sicherheit der Bürger. Wer diesen Jugendlichen nach mehrfacher Strafandrohung nur so begegnet, dass sie darüber lachen, macht einen Fehler.

Im Wahlkampf fand die Behauptung interessierter Kreise Gehör, ich wolle straffällige Kinder schon mit 12 Jahren ins

Gefängnis schicken. Eine Unterstellung, der auch einige meiner Parteifreunde auf den Leim gingen. Richtig war und ist: Nach meiner Überzeugung dürfen auch Kinder den Staat und seine Bürger nicht herausfordern, schon gar nicht, wenn sie in Wahrheit nur strafunmündige Werkzeuge ihrer kriminellen Eltern sind. Solche Kinder müssen nach den Regeln des Jugendstrafrechts unter Erziehungsaufsicht gestellt werden, für sie muss es besondere geschlossene Heime geben, aber natürlich kein Gefängnis. Was aber eben auch hier gar nicht geht, sind achselzuckende frustrierte Polizisten, die den Opfern dann erklären, es sei schon bekannt, welche Kinder die Tat begangen hätten, aber man könne leider nichts machen. Das zerstört die Kinder und die Autorität des Staates. Wenn das Vertrauen der Staatsbürger in die Handlungsfähigkeit ihres Staats zerstört wird, wird eine elementare soziale Beziehung in Frage gestellt. Dieser Preis ist für vermeintlich kinderfreundliches Verhalten eindeutig zu hoch.

Natürlich gilt dies nicht nur für die innere Sicherheit. Der moderne Rechtsstaat ist Garant für soziale Stabilität, fairen wirtschaftlichen Wettbewerb, funktionierende Infrastruktur und vieles mehr. Aber seine Autorität als Staat kann er ganz besonders bei der inneren und äußeren Verteidigung der Freiheit verlieren. Die polemische Bezeichnung „Nachtwächterstaat" durch den Sozialisten Ferdinand Lassalle war ja auch dem Empfinden geschuldet, dass die Bürger zumindest nachts ruhig schlafen wollten. Dieses Bild eines Minimalstaates, wie es von Vertretern libertärer Positionen wie Robert Nozick (1938–2002) postuliert wurde, vertritt kein konservativer Politiker. Aber es gibt gute Gründe, warum diese Rolle des Staates in Bezug auf Sicherheit immer wieder mit dem grundsätzlichen Staatsverständnis in Zusammenhang gebracht wird. Verliert der Staat beim Schutz der existenziellen Sicherheitsbedürfnisse des Bürgers seine Autorität, gerät die gesamte Legitimation dieser staatlichen Ordnung in Gefahr, und radikale Kräfte wittern ihre Chance.

Regelungswut abbauen und Verantwortung stärken

Heute ist die staatliche Autorität nicht nur von dieser Seite in Gefahr. Längst haben wir von den Ebenen der Kommunal-, Landes-, Bundes- und immer mehr auch der Europapolitik eine solche detaillierte Regelungssucht für jeden einzelnen Lebenssachverhalt, dass der Bürger sich zu Recht von so viel gut gemeinter Bevormundung und der logischerweise anschließenden fürsorglichen Kontrolle schier erdrückt fühlt. Wenn die Vorschriftenflut dazu führt, dass fast alle Bürger, oft Geschäftsleute und inzwischen auch Staatsdiener, zu der Auffassung gelangen, sie hätten gar keine Chance, alle Regeln zu kennen, gegen die sie verstoßen könnten, dann verliert der Staat wiederum an der notwendigen Autorität, denn die Bürger fühlen sich dann nicht mehr geschützt, sondern bedroht. So schließt sich aus konservativem Denken durchaus ein Kreis. Wer den allgemein anerkannten friedens- und freiheitssichernden demokratischen Rechtsstaat bewahren will, darf ihn weder lächerlich machen noch überfordern. Nur mit „Maß und Mitte" kann auch hier die Entwicklung der Gesellschaft in gedeihlichen Bahnen bleiben. Auch hier ist das Kriterium, genau hinzusehen, wo die Beziehung der freien und mündigen Bürger zum Staat durch Überregulierung und Bevormundung gefährdet ist, und zu fragen, wie ihre Mitverantwortung gefördert werden kann.

Diese Beschränkung staatlicher Aufgaben ist, solange sie allgemein vorgetragen wird, immer sehr populär, vermuten die Bürger dahinter doch weniger persönliche Einschränkungen und geringere allgemeine Abgaben und Steuern. Konkret ist die Debatte viel komplizierter. Denn jede Erweiterung der staatlichen Aufgaben begünstigt eine bestimmte Gruppe. Diese Gruppe ist in ihren Forderungen auch laut, während die jeweilige Mehrheit der Gesellschaft, so lange sie nicht selbst betroffen ist, eher lethargisch schweigt. Heute sind Vorschriftenabbau, Verwaltungsmodernisierung und Privatisierung von wichtigen, aber eben nicht staatlichen Aufgaben zentrale Profilierungsfelder konservativer Politik.

Vorschriften reduzieren

Wir haben in den letzten Jahren in Hessen eine klare Priorität auf Dezentralisierung, Vorschriftenreduzierung und Privatisierung gelegt. Mit der Regierungsübernahme im Jahr 1999 haben wir durch die konsequente Reduzierung von Vorschriften und Standards ganz erheblich zum Bürokratieabbau in Hessen beigetragen. Seit dem Jahr 2001 werden alle Gesetze und Rechtsverordnungen grundsätzlich auf fünf Jahre befristet. Verwaltungsvorschriften sind automatisch auf fünf Jahre befristet. Rechtzeitig vor Fristablauf müssen alle befristeten Vorschriften daraufhin überprüft werden, ob sie sich bewährt haben und fort gelten sollen. Aufgrund von gesonderten allgemeinen Normprüfungen konnte in den Jahren 1999/2000 und in den Jahren 2006/2007 der Vorschriftenbestand in Hessen deutlich reduziert und übersichtlicher gestaltet werden. Allein im Verlauf der ersten Normprüfung, die damals bundesweit einmalig war, konnten 39 % der Verwaltungsvorschriften und 15 % der Rechtsverordnungen außer Kraft gesetzt werden. Der Vorschriftenbestand der Ministerien verringerte sich dadurch um insgesamt 3.500 Vorschriften. In den nachgeordneten Behörden konnten fast 1.400 allgemeine Verfügungen gestrichen werden. Bei der zweiten Normprüfung im Jahr 2006 wurde der gesamte Vorschriftenbestand des Landes Hessen sogar um weitere 30 % reduziert. Im Jahr 2007 galten in Hessen noch 345 Gesetze, 996 Rechtsverordnungen und 1.292 Verwaltungsvorschriften. Damit hat sich der gesamte hessische Vorschriftenbestand seit Beginn der systematischen Normprüfung nahezu halbiert.

Darüber hinaus haben wir möglichst viele Verwaltungskompetenzen direkt auf die kommunale Ebene gegeben und die Hochschulen in weitgehende Selbständigkeit entlassen. Die immer stärkere Eigenverwaltung der Schulen vor Ort gehört zu den spannenden Projekten der nächsten Jahre. Gerade die Autonomie der Hochschulen war ein Schritt, der Freiheit und Entfaltung jenseits des Gängelbandes einer zentralen Ministerialbürokratie schaffen sollte. Heute ist die Technische Universität Darmstadt mit ihrem Autonomie-Status ein Vorzeigeprojekt in ganz Europa, und die benachbarte Frankfurter Johann-Wolfgang-von-Goethe-Universität hat sich im Wettbewerb mit Darmstadt so weit vorgewagt, dass sie heute losgelöst von den staatlichen Direktiven wieder eine zwar erheblich staatsfinanzierte, aber rechtlich freie Stiftungsuniversität ist. Durch diese Maßnahmen geschieht etwas für eigenverantwortliche Gestaltung ganz Wesentliches. Im Gegensatz zu früheren Zeiten gibt es keine übergeordnete Instanz mehr, in der man den Schuldigen für alles Schlechte finden kann. Jetzt kommt es auf die Entscheidungen an der Hochschule an, sie macht ihre eigenen Fehler und entwickelt in eigener Kreativität ihre neuen Stärken. Durch all diese Maßnahmen ist im Bundesland Hessen die Zahl derjenigen, die selbst an der Gestaltung der öffentlichen Leistungen mitwirken, beachtlich gestiegen. Die größere Eigenverantwortung der Schulen, so meine Hoffnung, wird zu gegebener Zeit der Schlusspunkt einer Entwicklung sein, eine große Zahl von Menschen in die Mitverantwortung für das Gemeinwesen zu nehmen, das sie als ihr gemeinsames Werk begreifen sollten, ohne auf „die da" in öffentlichen Ämtern zu schielen oder zu deuten. Der entscheidende Effekt: Dies alles stiftet Gemeinschaft. Es geht um „unsere" Schule, „unsere" Hochschule. Hier wächst etwas, was auch für den Staat wichtig ist, gerade indem er diesen Freiraum gewährt und sichert.

Privatisierung ermöglichen

Die ganz sicherlich nachhaltigste Form der Reduzierung der staatlichen Allzuständigkeit ist die Privatisierung. Zunächst einmal gibt es hier eine erstaunliche Parallele in der Argumentation der Konservativen und der Linken, die da lautet: Der Staat darf nicht privatisiert werden. Zu der notwendigen Ordnung des Gemeinwesens bedarf es in der Tat eines unabhängigen, mit Autorität versehenen Staates. Die öffentliche Ordnung, die Garantie der sozialen Rechte, der Schutz von Eigentum und Freiheit stehen nicht zur privaten Disposition. Anderseits habe ich in den Jahren als Regierungschef auch allzu oft die Grenzen der Leistungsfähigkeit staatlicher Institutionen in der Ausübung ihrer vielfach nicht hoheitlichen Zuständigkeiten gesehen. Öffentliche Ausschreibungen für Baumaßnahmen sind wegen des gebotenen Korruptionsschutzes extrem langwierig und sehr formal. Jeder private Immobilienbesitzer ist froh, wenn über sehr viele Jahre seine Immobilie immer von den gleichen Handwerksfirmen betreut wird. Industrieunternehmen beschäftigen oft aus gutem Grund seit Jahrzehnten die gleichen Unternehmen. Das beschleunigt die Maßnahmen und spart auf Dauer Geld. Der Staat sucht sich jedes Mal wieder den vermeintlich Billigsten. Zudem hat der Staat sich selbst des Instruments der Konventionalstrafen bei schlechter Leistung beraubt. Die Konsequenz ist, dass staatliche Baumaßnahmen in der Regel länger brauchen, deutlich teurer sind als die private Erstellung und die Zahl der wegen des Preisdumpings in Insolvenz gehenden Auftragnehmer besonders hoch ist. Da trotz dieses allgemein bekannten bejammernswerten Zustands auf die Neutralität der Ausschreibung und den Korruptionsschutz von Seiten des Staates nicht verzichtet werden kann, ist hier die Privatisierung entsprechender Leistungen die einzig vernünftige Alternative bei entsprechender Korruptionskontrolle.

Konservative Politik kann hier jedoch auch in große Probleme geraten. Mir wird das Erlebnis der Privatisierung der beiden Universitätskliniken in Gießen und Marburg immer in Erinnerung bleiben. Natürlich vertrauen die Menschen sehr stark auf die Sicherung der Krankenversorgung durch die öffentliche Hand, andererseits sind die Ansprüche an diese Krankenversorgung so hoch, dass die traditionellen Instrumente zur Befriedigung nicht mehr ausreichen. Wir hatten in Gießen und Marburg Universitätskliniken mit einem Einzugsbereich von insgesamt einer Million Menschen, während in Deutschland der Standard ist, für eine Universitätsklinik einen Einzugsbereich von zwei Millionen Menschen vorzusehen. Konservativ gesehen ging es um den Erhalt von zwei sehr traditionsreichen medizinischen Fakultäten, die aufgrund ihrer langen Geschichte großes Vertrauen bei den Bürgern genossen. Die Fortsetzung dieser Konzeption wäre gerade in bürgerlichen Kreisen sehr populär gewesen, hätte aber schon in überschaubarer Zukunft zu dem wirtschaftlichen Ende beider Kliniken geführt. Der Erhalt einer den traditionellen Ansprüchen genügenden medizinischen Versorgung bedurfte also einer grundlegenden Änderung. Die hessische Landesregierung hat sich deshalb für eine Zusammenlegung und Privatisierung der beiden Kliniken entschieden. Auf einmal stand die christlich-demokratische Regierung für die revolutionäre Veränderung und die sozialdemokratische Opposition für das Bewahren des Bewährten. Die Argumente gingen dabei sehr ins Grundsätzliche. Der sozialdemokratische Sprecher im Landtag vertrat die These, dass in privaten Krankenhäusern das Risiko zu sterben deutlich größer sei als in öffentlichen Krankenhäusern. Aus Meinungsumfragen wissen wir, dass eine deutliche Mehrheit der Bevölkerung, darunter auch CDU-Wähler, diese polemische sozialdemokratische Meinung teilten. Heute steht fest, dass ein fast völlig neu errichtetes Universitätsklinikum in Gießen und neueste wissenschaftliche Behandlungsmethoden in Marburg die Zukunft einer anspruchsvollen medizinischen Versorgung der ganzen Region gesichert haben. Ich konnte mich bei zahlreichen Besuchen an beiden Standorten selbst davon überzeugen. Der Wissenschaftsrat hat nach den ersten Jahren des privatisierten Klinikums in einem Gutachten bestätigt, dass auch die wissenschaftliche Qualität der in den Kliniken geleisteten Arbeit keinerlei Grund zu Beanstandungen gibt. Hier zeigt sich erneut: Konservative Politik darf sich nicht auf das Festhalten an der Vergangenheit konzentrieren. Sie muss mit mutigen Entscheidungen sicherstellen, dass sie die wirklich prinzipiellen Ziele sichert, wie etwa die Verantwortung des Staates für eine grundlegende soziale Daseinsvorsorge. Sie muss aber gleichzeitig dafür sorgen, dass diese Ziele auf einem angemessenen Weg erreicht werden: Das heißt, dass sich unter den jeweils gegebenen Umständen der Staat soweit als vertretbar zurücknimmt.

Wir brauchen die Eigeninitiative der Bürger

Letztlich sind die hier geschilderten Schritte zur Begrenzung der staatlichen Aktivitäten, die immer mehr Lebensbereiche umfassen, nur ein kleiner Beitrag zu der notwendigen Veränderung unserer Gesellschaft. Da ist nämlich nicht nur die Flut von Regelungen, welche die Freiheit und Kreativität der Bürger immer mehr einschränkt. Schlimmer noch ist eine andere Tatsache: Die Bürger haben sich inzwischen an den Zustand der immer stärkeren Bevormundung durch immer stärkere staatliche Organisation des alltäglichen Lebens gewöhnt. Von der Kinderbetreuung ab dem ersten Lebensjahr bis zur Betreuung der Hochbetagten erwartet die Mehrheit in unserem Land flächendeckend qualitativ hochwertige und zumindest preiswerte, wenn nicht kostenlose Angebote. Diese Mentalität des fürsorglichen Staates gibt es keineswegs nur bei denen, die wirklich aus eigener Anstrengung die Herausforderungen des Lebens nicht bewältigen können. Sie ist zur Anspruchshaltung geworden: Dass der Staat eine solche Versorgung gewährleistet, das gilt bei immer mehr Menschen als allgemeiner, selbstverständlicher Anspruch. Die einen begründen ihn mit ihrer Hilfsbedürftigkeit, die anderen mit den vermeintlich hohen Steuern, die sie an den Staat zahlen. In den 70er und 80er Jahren haben Vertreter aller politischen Parteien diese Mentalität massiv gefördert. Es war geradezu ein Wettbewerb, wer den Bürgern noch mehr von der traditionell eigenverantwortlichen Arbeit abnehmen konnte. Die Menschen haben sich unabhängig von ihrer politischen Grundeinstellung längst an diesen Zustand gewöhnt. Heute stellt sich heraus, dass ein freiheitliches und solidarisches Gemeinwesen auf dieser Basis keine Zukunft hat. Für die wichtigsten Zukunftsinvestitionen von der Bildung bis zur Infrastruktur ist nicht mehr genug Geld da, weil die staatlich organisierte Betreuung aller Lebensbereiche die gesamten Steuereinnahmen auffrisst, ja mehr Geld verbraucht, als die Steuerzahler aufzubringen bereit sind. Die Folge ist die inzwischen besorgniserregende Staatsverschuldung. Aber nicht nur die materiellen Konsequenzen dieser Entwicklung sind dramatisch. Jedes freiheitliche Gemeinwesen ist auf die Tugenden der Eigenverantwortlichkeit und des Gemeinsinns angewiesen. Damit sind wir wieder bei dem eingangs beschriebenen Phänomen des Patriotismus als einer Haltung des Gemeinsinns. Wenn aber schon Kinder bei ihren Eltern und im eigenen Erleben den Eindruck gewinnen, dass alle wirklich wichtigen Dinge vom Staat erledigt werden und man darauf auch einen Anspruch hat, dann verlieren solche Tugenden ihre Bedeutung. Diese Entwicklung ist dauerhaft schlimmer als noch so dramatische Zahlen der Staatsverschuldung. Hier steht konservative Politik vor einer zentralen Herausforderung. Eigenverantwortung und Gemeinsinn zu bewahren bedeutet nichts anderes, als der Bevölkerung zuzumuten, größere Teile des eigenen Lebens wieder selbst in die Hand zu nehmen und zugleich Verantwortung in der sozialen Gemeinschaft mit eigener Kreativität, eigener Zeit und eigenem Geld zu übernehmen.

Diese Überzeugungsarbeit ist umso schwerer, da diese vermeintlichen „Lasten" im Zusammenhang mit den immer stärker gestiegenen Steuern und Sozialabgaben gesehen werden. Wenn also jetzt eine Rückkehr zu größerer Eigenverantwortung auf die Tagesordnung gesetzt wird, dann erwarten viele, dass dies auch mit finanziellen Entlastungen einhergeht. Angesichts der hohen Staatsverschuldung und der notwendigen Prioritätensetzung bei Infrastruktur und Bildung ist das aber nicht realistisch. Im Klartext bedeutet das: Von den Bürgerinnen und Bürgern muss erwartet werden, dass sie nach einem etwa 30 Jahre während Irrtum wieder mehr gesellschaftliche Arbeit übernehmen, und dass sie zugleich akzeptieren, dass die in diesen 30 Jahren permanent gestiegene Abgabenquote bestehen bleibt. Dieses Paradox ist der Grund für das Zögern der Parteien, auch der konservativen Parteien, die Herausforderungen der neuen Politik entschlossen anzugehen. Das nützt ihnen aber nichts. Denn immer mehr Bürger sehen inzwischen in aller Deutlichkeit, dass der eingeschlagene Weg finanziell untragbar ist und zugleich den gesellschaftlichen Zusammenhang zerstört.

Diese Diskussion betrifft natürlich nicht nur Deutschland. Sie kommt auf alle modernen Industriestaaten zumindest in Europa zu. Im Sommer des Jahres 2010 hat die gerade neu gewählte konservativ-liberale britische Regierung dieses Thema ganz oben auf die Tagesordnung gesetzt. Das Konzept der „Big Society" wird dort für lange Zeit die Diskussion beherrschen. Es geht um die Übergabe öffentlicher Schulen an private Bürgerorganisationen, ebenso von Museen und Sporteinrichtungen. Die höchst angespannte Haushaltslage des britischen Staates und die Vorstellung von eigenverantwortlichen Bürgern prägen diesen Gedanken, dessen Erfolg keinesfalls gesichert ist. Nicht zuletzt leidet er darunter, dass organisierte ehrenamtliche Arbeit in Großbritannien in der Vergangenheit nicht den gleichen Stellenwert hatte wie in Deutschland.

Wir haben bei uns eine lange Tradition verantwortlicher ehrenamtlicher Arbeit. Einige dieser Entwicklungen sind in der sozialdemokratischen Geschichte am Ende des 19. Jahrhunderts begründet. Die Arbeitervereine mit ihren Aktivitäten im Bereich des Sports, des Gesangs und auch der sozialen Hilfe haben eine bis heute andauernde Tradition begründet. Die Organisationen der Kirchen wie die Caritas und das Diakonische Werk haben praktisch geübte Nächstenliebe immer wieder möglich gemacht, wobei sie inzwischen zugleich zu den größten Arbeitgebern Deutschlands avanciert sind. Hierzu gehören auch die Freiwilligen Feuerwehren oder das Technische Hilfswerk, um die uns schon in Europa viele Nachbarländer beneiden. Auf dieser Grundlage kann Deutschland die Entwicklung der kommenden Jahre besser gestalten als jedes andere Land. Die Aufgaben zwischen Staat, den Einzelnen und den gesellschaftlichen Gruppen müssen freilich neu verteilt werden. Wie und in welchem Umfang, darüber brauchen wir einen Konsens.

Ehrenamtliche und Hauptamtliche – ein neues Verhältnis

Wer diesen Weg gehen will, muss sich eines weiteren Hindernisses bewusst sein. Wie oben schon erwähnt, sind Einrichtungen wie die Caritas und das Diakonische Werk heute nicht nur ehrenamtliche Institutionen, sondern längst auch hochprofessionelle Unternehmen, die am wirtschaftlichen Leben als Dienstleister am normalen Wettbewerb teilnehmen. Sie sind ein gutes Beispiel für die Migration wichtiger ehrenamtlicher Arbeit in hauptberufliche Tätigkeiten. Man kann den Eindruck gewinnen: Die Zuwendung zu jungen Menschen oder die Betreuung von alten Menschen wird heute Bürgern mit Familienerfahrung kaum noch zugetraut. Es bedarf dazu eines Examens. Damit wird dann selbst dem Berufsanfänger größere Kenntnis unterstellt, als man sie bei einer ehrenamtlich arbeitenden Tochter, die jahrzehntelang ihre Mutter gepflegt hat, anerkennt. Im Jahr 2002 trat ein Gesetz in Kraft, das bedeutete, dass ehrenamtliche Besatzungen von Rettungswagen mit jahrzehntelanger Erfahrung ihren Dienst nicht mehr versehen dürften, weil der Gesetzgeber die hauptberufliche Ausbildung als Voraussetzung dieses Dienstes verpflichtend vorschrieb. Dass damit viele Tausende hochmotivierte Helfer an einem Tag verloren gingen, ist klar. In der heutigen Diskussion spielt allerdings eine größere Rolle, dass die Gewöhnung an die Professionalisierung zwei wichtige Konsequenzen hat. Zum einen glauben die Bürger heute, dass die konkrete Leistung bei der Betreuung der Kinder in schwierigen sozialen Situationen oder etwa bei der Betreuung älterer Menschen nur von hauptamtlich ausgebildeten Kräften qualitativ gut erbracht werden kann. Die Organisationen der hauptberuflichen Mitarbeiter sind so zugleich wichtige Teilnehmer an der politischen Diskussion geworden und verteidigen mit genau diesem Argument der unverzichtbaren Professionalität die Arbeit ihrer Mitglieder gegen jede „Bedrohung" durch das Ehrenamt. Auch hier geht es darum, Bindungskräfte freizusetzen. Das geht nur dadurch, dass Organisationsformen gefunden werden, die beiden Gruppen eine gute Zusammenarbeit erlauben.

Wenn es in Deutschland einen „neuen Konsens" über die Notwendigkeit des gemeinsamen Gestaltens der Gesellschaft geben soll, muss das Verhältnis von Hauptamt und Ehrenamt neu bestimmt werden. Es bedarf der Anerkennung guter beruflicher Ausbildung einerseits und der Anerkennung von Lebenserfahrung und Sympathie als oft entscheidende Voraussetzung für den Erfolg der Hilfe andererseits. Dies betrifft dann auch Bereiche wie etwa die Zusammenarbeit in der Schule. Die pädagogische Ausbildung der Lehrerinnen und Lehrer muss auf hohem Niveau auch in Zukunft gesichert sein. Aber entgegen der Annahme der Lehrergewerkschaften ist es kein Angriff auf diese Professionalität, wenn Lebenserfahrungen aus anderen Bereichen ein starkes Gewicht in der Ausbildung junger Menschen erhalten. Dabei geht es nicht nur um den studierten Biologen, der Zusammenhänge der Natur aus seiner beruflichen Erfahrung unter Umständen eindrucksvoller darstellen kann, als das ein noch so gut ausgebildeter Lehrer vermag. Dazu gehört auch der ehrenamtlich tätige Rentner, der mit seiner Berufserfahrung jungen Menschen mit Defiziten in höchst individueller Weise Hilfe leisten kann.

Beide Argumente, sowohl die Finanzierbarkeit öffentlicher Leistungen als auch die Zufriedenheit der Gesellschaft, machen deutlich: Eine stärkere Anerkennung ehrenamtlicher Arbeit ist unerlässlich. Das Beispiel der Freiwilligen Feuerwehren ist in einer besonderen Weise geeignet, das zu illustrieren. Ich habe am Beispiel meines eigenen Sohnes erleben dürfen, welche ausgezeichnete Ausbildung hier vermittelt wird und welch verantwortungsvolle und risikoreiche Dienstleistungen von den Mitgliedern der Wehren erwartet werden. In meiner Heimatstadt Eschborn stehen viele Büro- und Wohnhäuser mit 16 und mehr Stockwerken. Alle, die dort wohnen und arbeiten, fühlen sich sicher, weil sie wissen, dass die gut ausgebildete und gut ausgestattete Freiwillige Feuerwehr jede noch so kritische Lage beherrschen wird. Die gleiche Öffentlichkeit traut jedoch einem „freiwilligen Polizisten", wie wir ihn in Hessen gesetzlich vorgesehen haben, nicht einmal zu, dass er in einem öffentlichen Park Aufsicht führen oder bei einer Sportveranstaltung den Verkehr regeln könne. Würden wir bei der Freiwilligen Feuerwehr so denken, dann wäre in ganz Deutschland ein mindestens zweistelliger Milliardenbetrag aufzuwenden, um einen vergleichbaren Schutz der Bevölkerung bereitzustellen, wie ihn jetzt die Freiwilligen Feuerwehren rund um die Uhr garantieren. Übrigens sollten wir auch auf die Erfahrungen anderer Länder achten: Als in Griechenland vor wenigen Jahren eine Brandkatastrophe über das Land hereinbrach, standen im ganzen Land 8.000 hauptamtliche Feuerwehrleute ohnmächtig der Katastrophe gegenüber. Allein im Bundesland Hessen stehen mehr als 25.000 Feuerwehrleute jederzeit bereit. Dennoch wird es viel Überzeugungsarbeit kosten, die Anerkennung, die die Freiwillige Feuerwehr bei uns hat, mit der gleichen Selbstverständlichkeit auch auf ehrenamtliche Leistungen in anderen Lebensbereichen zu übertragen.

Wem daran gelegen ist, dass wir einen nachhaltigen Konsens über die entscheidende Rolle der bürgerschaftlichen Organisationen für unser Gemeinwesen erreichen, der kann es nicht beim bloßen Bekenntnis belassen. Wir müssen bei den jungen Menschen ansetzen und sie dafür begeistern. Es gehört zu den Erziehungszielen, dieses gemeinschaftliche Engagement einzuüben. Das beginnt schon früh im Unterricht mit der Integration von ehrenamtlicher Arbeit in das schulische Leben. Schülerinnen und Schüler aller Altersstufen können Verantwortung übernehmen. Schulen müssen Patenschaften mit Kindertagesstätten, mit Senioreneinrichtungen und anderen Bereichen des öffentlichen Lebens haben. So kann spielerisch erlernt werden, was zu den Grundbestandteilen des künftigen gemeinsamen Lebens in der Zivilgesellschaft gehören soll. Schüler der höheren Jahrgänge sollten Verantwortung für die jüngeren Mitschüler übernehmen, sei es in der Betreuung oder auch bei bestimmten Elementen des Unterrichts. Doch damit allein kann das Einleben in die Gesellschaft nicht ausreichend vorbereitet sein.

Warum wir ein allgemeines soziales Dienstjahr brauchen

In der Diskussion über die allgemeine Wehrpflicht, die ja in der Vergangenheit das einzige verpflichtende Element zur Mitwirkung an den gemeinsamen Zielen des Staates war, spielt immer wieder auch die Einrichtung einer allgemeinen Dienstpflicht eine Rolle. Diese Diskussion hat eine große Aktualität: Die allgemeine Wehrpflicht steht immer mehr im Streit. Fakt ist, dass die Mehrheit der jungen Männer schon längst keinen Wehrdienst und oft nicht einmal mehr einen Ersatzdienst leistet. Diese Diskussion über eine allgemeine Dienstpflicht ist übrigens nur so lange denkbar, solange die allgemeine Wehrpflicht in der Verfassung verankert bleibt. Zu glauben, dass es in unserer Gesellschaft möglich ist, nach der Abschaffung der allgemeinen Wehrpflicht eine allgemeine Dienstpflicht wieder im Grundgesetz zu verankern, erscheint mir utopisch. Die allgemeine Dienstpflicht ist nach meiner Vorstellung keine Arbeitspflicht im Sinne der vom Europarat am 4. November 1950 beschlossenen internationalen Konvention über das Verbot von Zwangsarbeit. Sie ist vielmehr Teil der Erziehung und damit der verpflichtenden Ausbildung. Die Fähigkeit, gemeinwohlorientierte Arbeit zu leisten und die Orientierung in den Organisationen, die diese Arbeit erbringen, muss erlernt werden. Von allen jungen Männern in einem Land einen einjährigen Dienst verpflichtend zu verlangen, in den die allgemeine Wehrpflicht integriert wird, und zugleich allen jungen Frauen den Zugang zu diesem Dienst zu ermöglichen, ist eine wünschenswerte Perspektive: Hier würden für die jungen Menschen soziale Bindungen erlebbar und durch die gemeinwohlorientierten Inhalte für die ganze Gesellschaft fruchtbar gemacht. Ein solcher Dienst ist weder Geld- noch Zeitverschwendung, wie in der Debatte des Jahres 2010 einige Ökonomen mit eiskalter Rechnung glauben machen wollen. Ja, in der Tat wären Jugendliche ohne einen solchen Dienst ein Jahr früher im Erwerbsleben. Aber gerade Konservative wissen, dass nicht alles einer herzlosen Ökonomisierung unterzogen werden darf. Wir brauchen junge Menschen, die gelernt haben, dass es Arbeit gibt, die man erledigt, ohne nach dem maximalen Lohn zu fragen. Und die gleichen Professoren, die in öffentlichen Debatten fordern, man solle die Zivildienstleistenden in den Krankenhäusern durch vollbezahlte Kräfte ersetzen, wettern anschließend über die verheerende Wirkung eines Anstiegs der Gesundheitskosten. Das ist ein Denken, das die Gesellschaft nicht zusammenhalten kann.

Die Einrichtung eines solchen allgemeinen Dienstes wäre ein Kraftakt, sowohl politisch als auch organisatorisch. Er würde auch zunächst zusätzliche öffentliche Mittel binden. Wir kennen das ja auch vom Grundwehrdienst: Niemand kann zu einem Dienst ohne eine entsprechende Bezahlung gezwungen werden. Die Einsatzbereiche für einen allgemeinen Dienst von 12 Monaten sind vielfältig. Eine einjährige Dienstzeit ist in dem Interesse der jeweiligen Aufgaben und auch der Betroffenen richtig. Schließlich soll nicht einfache Hilfsarbeit verrichtet werden, was eine angemessene Ausbildungszeit vor dem konkreten Dienst erfordert. Das Dienstjahr sollte zugleich als Praktikum in unterschiedlichen Berufen und als Studienvorbereitung in der akademischen Ausbildung anerkannt werden. Eine solche Regelung würde es der Bundeswehr auch ermöglichen, die Zahl der Wehrpflichtigen so zu begrenzen, dass ohne Probleme bezüglich der Wehrgerechtigkeit ein vernünftiger Interessenausgleich zwischen dem tatsächlichen Bedarf der Armee und dem Anspruch auf gerechte Behandlung bei der Heranziehung der Jugendlichen gefunden werden könnte. Im Wesentlichen aber würden viele Tausend junge Menschen eine Chance erhalten, in einem Tätigkeitsgebiet ihrer Wahl Erfahrung in gesellschaftlicher Verantwortung zu sammeln. Dies gilt für die großen Bereiche des sozialen Lebens, der Bildung und des Umweltschutzes sowie der internationalen Arbeit.

Hier könnten endlich viele der Aufgaben wahrgenommen werden, an denen unbestrittenen ein Bedarf besteht, die aber ebenso unbestritten nach den vorhandenen Regeln nicht bezahlbar sind. Ich bin überzeugt: Wir werden bei einem solchen Projekt auch die Erfahrung machen, dass viele junge Menschen sich anschließend freiwillig weiter engagieren werden. Diese Erfahrung machten ja in der Vergangenheit schon das Technische Hilfswerk, die Freiwilligen Feuerwehren, die Bundeswehr und die sozialen Dienste. Wer erst einmal eine Chance hatte, Einblicke zu gewinnen und auch die Faszination gemeinschaftlicher Arbeit zu erkennen, bleibt diesem Anliegen häufig verbunden. „Fragt nicht, was euer Land für euch tun kann – fragt, was ihr für euer Land tun könnt." Diese berühmten Sätze aus der Inaugurationsrede John F. Kennedys sind auch für unser Land gültig und übertragbar. Wichtig ist, dass sich eine solche Motivation von jungen Jahren an entwickelt und durchsetzt. Eine Arbeit, die für die Gemeinschaft etwas Nützliches leistet, stärkt bei den jungen Menschen das Selbstbewusstsein. Und die Erfahrung, gebraucht zu werden, verstärkt wiederum die Bindung und die Verbundenheit. Sie würde die Bildung eines Konsenses über eine Gesellschaft forcieren.

Sollte ein solcher Konsens in Deutschland neu entstehen, dann beträfe er natürlich nicht nur die ersten Jahre von Ausbildung und Entwicklung junger Menschen. Vielmehr muss ein solcher Konsens schnell zum durchgängigen Prinzip der Neugestaltung des gesellschaftlichen Zusammenlebens werden. Denn nur eine schnelle Veränderung der Gesellschaft ermöglicht es den Bürgern, zu erkennen, wie vorteilhaft diese Veränderung ist. Und nur wenn Bürger erkennen, dass zusätzliche von ihnen übernommene Belastungen auch zu einer Verbesserung ihrer Lebenssituation führen könnten, werden sie die damit verbundenen Belastungen akzeptieren und den politischen Kräften, die diese Veränderungen bewirken, bei der kommenden Wahl eine Chance zur Fortsetzung dieses Projektes geben. Nach meiner Erfahrung sind Menschen durchaus in nennenswerter Zahl bereit, sich auf diesen Weg zu begeben. Wir erleben ja gerade, dass Bürger immer skeptischer gegenüber abstrakten Bindungen zu Institutionen sind, andererseits aber konkrete Projekte mit beachtlichem Engagement unterstützen. Deshalb ist die im Kapitel zur Bildungspolitik beschriebene „selbstständige Schule" in diesem Zusammenhang ein wichtiges Angebot. Hier können sich Eltern als Teil der Schulgemeinde bei eigenverantwortlicher Gestaltung sehr schnell und wirkungsvoll einbringen. Die vielen noch außerordentlich leistungsfähigen Rentner und Pensionäre der kommenden Jahre, die trotz aller Bemühungen zur Arbeitszeitverlängerung meistens in der ersten Hälfte des siebten Lebensjahrzehnts aus der regulären Erwerbstätigkeit ausscheiden, sind ein großes Potenzial für ehrenamtliche Arbeit. Auch das beginnt in der Schule, wo Lesepatenschaften, Begleitung bei Berufspraktika, Hilfe in der Vermittlung zwischen Schule und Familie, bei Problemen im Elternhaus und die Betreuung von Freizeitaktivitäten im Rahmen einer ganztägig betreuten Schule vielfältige Aktionsmöglichkeiten bieten. Es betrifft aber auch die Gründung von Seniorengenossenschaften, die überall dort, wo einige sich ein Herz fassen und die Initiative ergreifen, zu einem schnellen großartigen Erfolg werden. Wahrscheinlich sind diese Seniorengenossenschaften geradezu beispielhaft für diesen neuen Konsens. Sie fassen die Idee der gegenseitigen Hilfsbereitschaft auf der Basis des traditionellen Genossenschaftsmodells gut zusammen. Dies ist Hilfe für den Nächsten, aber zugleich Selbsthilfe. Denn alles, was man bereit ist, für andere zu tun, stellt zugleich eine Anwartschaft für künftig notwendige eigene Hilfsbedürftigkeit dar.

Wer die Herausforderungen an die gemeinschaftliche Arbeit sieht, kann nicht bei den traditionellen Strukturen stehenbleiben. Im hessischen Vogelsberg wie überall im ländlichen

Deutschland wird es in absehbarer Zeit keine Einkaufsmöglichkeiten für die überwiegend alte Bevölkerung mehr geben. Werden die Gemeinden Flächen mieten, sie einer Bürgergenossenschaft zur Verfügung stellen, die gemeinsam mit einer Lebensmittelkette für ausreichend Stunden in der Woche einen Laden offen hält und ihn damit zum Kommunikations- und Sozialzentrum des Dorfes macht? Wie werden diese Bürger in das nächste größere Dorf zum Arzt kommen? Werden sie einen von der Gemeinde bereitgestellten Bus ehrenamtlich mit Fahrern besetzen und zu den gewünschten Zeiten pendeln lassen? Gelingt das, wird es ein tolles Dorf. Verweigern sich Gemeinde oder Bürger, wird die Versorgung der Dörfer zum allgemeinen Albtraum. Und das ist nur der Anfang einer langen Liste weiterer Beispiele.

Ich persönlich habe mich seit meiner Zeit als Vorsitzender der CDU-Landtagsfraktion in Hessen ganz besonders mit den verschiedenen Initiativen zur Selbsthilfe beschäftigt. Ich habe dabei für nahezu jedes denkbare Problem eine ehrenamtliche Lösung auf der Basis der Initiative einzelner Bürger gefunden. Aber die meisten dieser Lösungen gab es eben nur in einigen wenigen der über 400 Städte und Gemeinden in Hessen. Die Leistung wird darin bestehen, das im Einzelfall bereits erfolgreich praktizierte ehrenamtliche Modell in kurzer Zeit in die ganze Republik zu übertragen. Die wichtigste Voraussetzung dafür ist, vor Ort Menschen zu ermutigen, die Initiative zu ergreifen und andere mitzureißen. Damit dies gelingt, müssen wir die Zusammenarbeit der Bürger stärken, und zwar im Bewusstsein einer patriotischen Verantwortung der Zivilgesellschaft. Wir brauchen eine Übereinstimmung darin, dass dies nötig ist, um den zukünftigen Bedürfnissen unseres Landes gerecht zu werden. Wenn Deutschland in dieser Frage nicht zu einem breiten Konsens findet, wird es noch lange Zeit die Debatte darüber geben, ob diejenigen, die sich eigenverantwortlich engagieren, nicht die „Dummen" der Gesellschaft sind. Solange dieser Konsens fehlt, werden viele mit Stolz auf ihre vielen Aktivitäten in der Freizeit verweisen und die anderen, die ihre Zeit für die Gemeinschaft investieren, eher belächeln. Die Veränderung unserer Gesellschaft ist unvermeidlich. Sie erfordert einen Zusammenhalt, den ich pointiert als neuen „deutschen Konsens" bezeichne.

Das Staats- und Gesellschaftsbild eines Konservativen am Anfang des 21. Jahrhunderts muss also zwei Aspekte im Blick haben und zusammenführen: starke und geachtete staatliche Institutionen auf der Basis demokratischer Legitimation einerseits und breites bürgerschaftliches Engagement andererseits als unverzichtbare Ergänzung zu den Leistungen der Institutionen. Dabei sollte der Staat dem bürgerschaftlichen Engagement so viel Freiraum wie nur irgend möglich verschaffen, ohne seine Kompetenz für die rechtlichen und sozialen Rahmenbedingungen infrage zu stellen. Meine Hoffnung ist, dass die so schädliche Unterteilung in staatliches Wohlergehen und privates Wohlergehen, wie sie bei uns Mode geworden ist, dadurch wieder zurückgedrängt werden kann. Das „Wir" einer Gesellschaft entsteht erst aus dem Stolz auf gemeinschaftliche Leistung. Gemeinschaftliche Leistung wiederum erbringt man nur für eine Gesellschaft, in der man sich zuhause fühlt und in der man die Erfahrung macht, gebraucht zu werden. Dann ist man gleichzeitig auf sich selbst und auf die Gesellschaft stolz.

Integration – lösbare Herausforderungen

Bisher habe ich eine wichtige Herausforderung unseres Zusammenlebens in Deutschland nicht besonders betrachtet. Aber ohne die Diskussion über die besonderen Integrationsaufgaben, die wir in Deutschland zu bewältigen haben, ist die Debatte über einen neuen deutschen Konsens nicht realistisch. Zu diesem Konsens bedarf es der Mitwirkung aller, auch derjenigen, die in den letzten Jahrzehnten aus den unterschiedlichen Gründen und aus ganz unterschiedlichen Regionen zu uns nach Deutschland gekommen sind. Bezogen auf die gesamte Bundesrepublik, ist der Anteil der Menschen, die mit einem so genannten Migrationshintergrund unter uns leben, noch bei einem Prozentsatz von zwischen 10 und 15 Prozent. Das klingt nicht sehr beeindruckend, sondern für eine moderne internationale Gesellschaft eher normal.

Wenn man sich die Zahlen in den Ballungsgebieten genauer anschaut, verändern sich die Verhältnisse. In der Stadt Frankfurt am Main wachsen mehr als 70 % der im Jahr 2009 geborenen Kinder auf, bei denen zumindest ein Elternteil eine Migrationsgeschichte hat. Der überwiegende Teil dieser Kinder wird nicht im christlichen Glauben erzogen werden können, die Mehrheit der Eltern fühlt sich dem muslimischen Glauben verbunden. Kann es da einen deutschen Konsens geben? Die Antwort, mit der ich mich im Folgenden differenzierter beschäftigen möchte, klingt zunächst sehr apodiktisch: Diese Übereinstimmung muss herbeigeführt werden. Andernfalls ist ein Zerfallen der Zivilgesellschaft unvermeidlich.

Um diese Debatte einordnen zu können, lohnt es sich, den Begriff „Heimat" näher zu betrachten. Auch er gehört zum Kernbestand konservativen Denkens. Was in diesem Begriff mitschwingt und was mit ihm gemeint ist, hat sich im Verlauf einer langen Geschichte verändert. Vor 100 Jahren haben die meisten Menschen ihr eigenes Dorf nie verlassen. Ihre Heimat war das Dorf und vielleicht noch die Region um das Dorf. Da man Heimat erleben und fühlen muss und es keine Heimat gibt, die man nicht beschreiben kann, war zu Recht der Begriff der Heimat auf diesen engen Raum begrenzt. Heute bewegen wir uns mit den modernen Verkehrsmitteln rund um die Welt. Kaum noch jemand lebt in einem Dorf, der nicht schon einmal die Grenzen Deutschlands überschritten hat. So ist der Begriff Heimat heute abstrakter als früher. Viele bezeichnen eine bestimmte Region als ihre Heimat; wenn sie die Grenzen Deutschlands verlassen, dann sprechen sie von ihrem Heimatland Deutschland. Wenn ich eingangs von der Notwendigkeit eines patriotischen Bandes gesprochen habe, dann gehört dieses Gefühl von Heimat zu den notwendigen emotionalen Voraussetzungen, Patriot zu sein.

Für uns Deutsche ist der Begriff der Heimat besonders schwierig. Millionen von Heimatvertriebenen wurden auf dem Gebiet der Bundesrepublik nach 1945 integriert. Sie haben mit der Charta der Heimatvertriebenen im Jahr 1951 ein wichtiges Signal der Versöhnung gesetzt und sich zum Wiederaufbau der „neuen Heimat" bekannt. Über die Pflege der kulturellen Traditionen der Heimatvertriebenen hat es lange Jahre heftige Diskussionen gegeben. Natürlich hofften die aus den ehemaligen deutschen Gebieten Vertriebenen auf ihre Rückkehr. Sie wollten ihre Lieder, ihre Geschichten und ihre Trachten nicht vergessen. Wenn sie von Heimat sprachen, dann läuteten sowohl in den Ländern, aus denen sie vertrieben wurden, als auch bei bestimmten Kreisen in Deutschland die Alarmglocken. Wurde der Begriff Heimat zum Vorwand für Revanchismus? Ganz unbestreitbar sind die Wunden bei den Vertriebenen nur langsam verheilt. Letztlich haben sie sich aber eine neue Heimat geschaffen. Im Bundesland Hessen waren ein Drittel aller Bürger, die 1960 im Land lebten, Heimatvertriebene. Sie haben das Bundesland wesentlich geprägt. Es ist ihr gutes Recht, gegenüber ihren Kindern wahrscheinlich sogar ihre Pflicht, ihre Geschichte, die Landschaft, aus der sie kamen, und die Kultur, die ihre Eltern prägte, nicht zu vergessen. Dennoch sagen sie heute „wir Hessen" und sind stolz auf ihre Leistung. Wenn ich im Folgenden über die Integration ausländischer Mitbürger spreche, dann heißt das natürlich nicht, dass ich Heimatvertriebene und Migranten gleichsetzen will. Ich erwähne die Geschichte der Vertriebenen, weil sie ein wichtiger Hinweis darauf ist, dass wir Deutsche aus unserer Geschichte heraus in der Lage sein müssen, mit dem Begriff Heimat sehr sensibel umzugehen. Wir wollen gewiss niemandem die Heimat streitig machen. Und genauso wissen wir auch, dass es mit Anstrengung möglich ist, eine neue Heimat zu finden. Zugleich erwarten wir niemals von Menschen, dass sie ihre Geschichte vergessen oder verraten.

Nun müssen Deutsche, wo immer sie geboren und aufgewachsen sind, nicht über ihre nationale Identität in Zweifel kommen. Wo immer sie auch waren und wie schwierig ihre Geschichte auch gewesen sein mag, sie waren und sind Deutsche. Sie standen in patriotischer Verbundenheit für eine Nation. Nur so war es möglich, dass trotz aller Verantwortlichkeit für grauenhafte Taten in Europa das deutsche Volk die Kraft fand, einen Neuanfang zu wagen. Die Frage, woraus das gemeinsame Band des Patriotismus denn konkret besteht, können und konnten alle Deutschen angesichts der gemeinsamen Kultur, einer gemeinsamen Sprache und einer Religion, die alle geprägt hat, beantworten.

Die Herausforderung, die uns heute bei der Integration einer so großen Zahl von ausländischen Mitbürgerinnen und Mitbürgern gestellt wird, ist eine andere. Dabei geht es nicht nur um die bloße Zahl der Zuwanderer aus anderen Kulturen, obwohl sicherlich die quantitative Dimension der Zuwanderung für sich genommen schon eine neue anspruchsvolle Aufgabe darstellen muss. Es geht vielmehr auch um das Zusammenführen von Kulturen, die – nicht zuletzt durch die unterschiedlichen Religionen geprägt –, beachtliche Unterschiede aufweisen: Unterschiede, die für das gedeihliche Zusammenleben auf Dauer sehr große Probleme mit sich bringen. In Deutschland hat es, nicht zuletzt aufgrund des besonders gering entwickelten Gefühls für eine nationale Identität, viele gegeben, die ein paralleles Leben von mehreren Kulturen in einem Land für geradezu erstrebenswert gehalten haben. Daraus ist das positiv gemeinte Bild der „multikulturellen Gesellschaft" entstanden. Bis zu abenteuerlichen Vorstellungen von mehrsprachigen Grundschulklassen wurden dann Ideen fern jeder Machbarkeit und Sinnhaftigkeit vertreten. Zugleich galt es für eine gewisse Zeit als besonders fortschrittlich, wenn man die Bedeutung nationaler Identitäten nicht mehr sehen wollte und nur noch von der Weltbürgerschaft aller träumte.

Konservative haben immer schon auf die Bedeutung des gemeinsamen Bandes für den Zusammenhalt einer Gemeinschaft, und damit auch des Staates, hingewiesen. Diejenigen, die mit diesem Staatsbegriff gar nichts mehr anfangen wollten, unterstellten denen, die so dachten, reaktionäre Vorstellungen. In einem eher vom linken Spektrum der Gesellschaft geprägten Medienklima dominierten die „Universalbürger" lange Zeit die Diskussion so stark, dass auch Politiker der politischen Mitte kaum noch wagten, über Mindestbedingungen der Integration zu diskutieren, geschweige denn sie einzufordern.

Das Ergebnis dieser Jahre sind im Jahr 2010 Zehntausende von Schülern mit Migrationshintergrund, die ohne Hauptschulabschluss und ohne ausreichende Kenntnis der deutschen Sprache nahezu chancenlos in das Erwerbsleben entlassen wurden. Zugleich haben diese Schüler das Lernniveau aller Schüler ihres Jahrgangs verschlechtert. Eine ganze Generation von zumeist praktisch begabten jungen Menschen hat unter dem ideologischen Ziel einer multikulturellen Schulpolitik erhebliche – und zwar lebenslange – Nachteile erlitten. Heute ist die Frage nach der Notwendigkeit von Deutschkenntnissen zugunsten einer einheitlichen Vorbereitung auf den Unterricht in deutscher Sprache geklärt. Aber viele weitere Fragen, die mit der gleichen Begründung über Jahre nicht beantwortet worden sind, stehen ungelöst im Raum. Es geht dabei um Religionsausübung, um kulturelle Sitten und auch um die Legitimität ethnischer Absonderung bzw. um die Verpflichtung zur Integration in die neue Gemeinschaft. Und längst geht es nicht mehr nur um die Sache, sondern auch darum, warum viele in der Politik die Debatte über diese Probleme so lange verhindert haben.

Unsere Ansprüche an die Zuwanderer

Ich habe mich in all diesen Diskussionen der Vergangenheit immer von dem Optimismus leiten lassen, dass ein gemeinsames Band um unsere Gesellschaft unter Einschluss der Migrantinnen und Migranten möglich ist. Wenn Ende 2010 eine scharfe Debatte über ethnische Vorprägungen und biologische Intelligenzverteilungen in den ethnischen Gruppen entbrannt ist (Thilo Sarrazin, Deutschland schafft sich ab – Wie wir unser Land aufs Spiel setzen, München 2010), dann ist das das glatte Gegenteil von dem, was jedenfalls ich und alle, die mit mir seit vielen Jahren an Integrationsprojekten gearbeitet haben, zur Grundlage unserer Arbeit gemacht haben. Wir sehen, wie sich immer wieder Kinder der Zuwandererfamilien auf den erfolgreichen Weg zum Wohlstand durch Bildung und Arbeit machen. Wer an diese allgemeine Chance, eine Gesellschaft zusammenzuführen, nicht glaubt, wird selbst zum hilflosen Protagonisten einer zerrissenen Gesellschaft und arbeitet den Radikalen in die Hände.

Aber genau deshalb, um nicht in diese Falle zu tappen, muss man die Frage der vorherrschenden Kultur in einem Land wirklich klären. Denn sie ist dann auch der Maßstab der Anstrengungen, die wir uns wechselseitig abverlangen müssen. Für mich ist klar: Wer dauerhaft in einer Gesellschaft leben will, muss mit der diese Gesellschaft prägenden Kultur in einer grundlegenden Übereinstimmung leben. Wenn eine staatliche Ordnung funktionieren soll, dann bedarf sie auch der emotionalen und intellektuellen Zustimmung der Staatsbürger. Genau diese Zustimmung unterscheidet eine demokratische Gesellschaft von den obrigkeitsstaatlichen Systemen der Vergangenheit. Dabei geht es nicht um eine Bewertung von Kulturen im Sinne einer Über- oder Unterordnung. Die von uns in Deutschland gelebte Art des Gemeinwesens und seiner Begründungen erhebt nicht den Anspruch, die beste aller Arten des Zusammenlebens zu sein. Aber eine besondere Art des Zusammenlebens ist es eben doch.

Die bevorrechtigte Stellung des Mannes in der Familie zum Beispiel hat eine lange Tradition und ist in anderen Kulturen sogar in verbindliche Rechtsvorschriften gefasst. Wir haben die Gleichberechtigung und die individuelle Würde jedes einzelnen Familienmitgliedes zu einem zentralen Grundsatz unseres Zusammenlebens gemacht. In Deutschland muss jeder nach den hier geltenden Normen leben. Es mag sein, dass in anderen Kulturen der Ehrenmord legitimiert ist und zu besonderer gesellschaftlicher Anerkennung führt. In Deutschland ist er eine besonders verwerfliche Form des Mordes. Viele Staaten auf der Welt kennen die strikte Trennung zwischen Staat und Kirche nicht, unsere Ordnung würde einen Teil ihrer Legitimation verlieren, würden wir nicht auf dieser strikten Trennung bestehen. Dies sind einige Beispiele dafür, warum vor einigen Jahren nach der längeren Zeit des defensiven Schweigens Politiker wie Friedrich Merz und der heutige Bundestagspräsident Norbert Lammert den Mut hatten, von einer „Leitkultur" zu sprechen. Die anschließende Debatte, ob es sich dabei um eine deutsche oder eine europäische Leitkultur handle, traf nicht den Kern: Die grundlegenden und die Ordnung eines Staates bestimmenden kulturellen Regeln unterscheiden sich in Europa kaum. Man kann deshalb getrost von einer deutschen Leitkultur sprechen, ohne damit neue Gräben in Europa aufzureißen.

Diese Leitkultur muss Grundlage jeder erfolgreichen Integrationspolitik sein. Zu ihr gehört unser Bekenntnis zum demokratischen Rechtsstaat und zur gleichrangigen Würde aller Menschen ebenso wie die Tatsache, dass viele unserer Konventionen nur verständlich sind, wenn man sie in den Kontext des schwierigen Entwicklungsprozesses des jüdisch-christlichen Europas stellt. Darüber hinaus erfordert das Zusammenleben von Kulturen Rücksichtnahme. Diese Rücksichtnahme wird allen am gemeinschaftlichen Leben Beteiligten abverlangt. Aber auch hier gibt es in einem Land mit einer langen Geschichte, wie es Deutschland ist, keine völlige Gleichordnung. Das mag Deutschland durchaus von einem klassischen Einwanderungsland, wie es die USA oder Kanada sind, unterscheiden. In diesem Land gibt es eine prägende Kultur, in Einwanderungsländern besteht die Kultur gerade darin, dass sich verschiedene Kulturen gleichberechtigt unter neuen Bedingungen zusammenfinden. Politisch interessierte Kreise haben deshalb den Begriff des Einwanderungslands immer in einer sehr bestimmten Zielrichtung genutzt, nämlich im Sinne der Gleichberechtigung aller Kulturen, und manche naiven Gemüter auf der bürgerlichen Seite haben diesen Begriff übernommen, weil es ja in Deutschland tatsächlich Einwanderer gibt. Heute führt dies zu immer neuen Missverständnissen. Deutschland ist kein klassisches Einwanderungsland, sondern ein Land mit besonders vielen Zuwanderern. Das mag auf den ersten Blick eine kleinliche Unterscheidung sein, aber sie hat Konsequenzen. Zur Rücksichtnahme gehört für die Zuwanderer zum Beispiel die Akzeptanz christlicher Symbole in öffentlichen Gebäuden in Deutschland, und für uns gehört dazu der Respekt etwa vor Gebetszeiten und Gebetsriten anderer Religionen. Die tatsächlichen Probleme kommen aber auch aus viel weniger prinzipiellen Fragestellungen. So ist vor einigen Jahren eine städtische Wohnungsbaugesellschaft in Hessen auf die Idee gekommen, Wohnungen in Wohnblocks nach einheitlichen ethnischen Kriterien zu vergeben. Die Begründung: Sonst würden die Auseinandersetzungen in der

Hausgemeinschaft zu groß werden. Ich habe damals dafür gesorgt, dass dies nicht geschah, weil ich von der Notwendigkeit des Zusammenlebens in gemischten Strukturen fest überzeugt bin. Durch die vielen Briefe, die ich daraufhin erhielt, habe ich allerdings auch erfahren, wie konkret die Anforderungen an Rücksichtnahme werden. Da geht es um das Kochen mit starken Gerüchen, um das mediterrane Feiern zu nächtlicher Stunde, aber auch um das Schächten von Tieren im Wohnblock. Das alles kommt nicht täglich vor, aber eben oft genug, um die Geschäftsleitung einer Wohnungsbaugesellschaft nicht nur an einem Ort in Deutschland zu solchen vermeintlich konfliktmindernden Vorschlägen zu bringen. Die meisten in diesem Zusammenhang entstehenden Konflikte kann man nicht durch Gesetz und Verordnung regeln. Sie sind wie viele andere Fragen des Gemeinschaftslebens nur durch den Geist eines gemeinsamen Bandes, d. h. mit dem Willen zur Gestaltung eines freiheitlichen und solidarischen Gemeinwesens lösbar.

Welchen Anspruch haben wir an diejenigen, die dauerhaft in unserem Land leben wollen? Diese Frage spricht den Kern der Integrationspolitik an. Es kann nicht darum gehen, den Menschen anderer Kulturen die Assimilation im Sinne des Aufzwingens einer fremden Identität zuzumuten. Integration ist keine Gehirnwäsche und darf nicht der Versuch sein, den Stolz auf die eigenen Wurzeln zu brechen. Doch dies ist die Frage des Umgangs mit der eigenen Vergangenheit. Für das Morgen der Gesellschaft ist die Frage des Umgangs mit der eigenen Zukunft entscheidend. Diese Frage ist in Deutschland nicht ausreichend geklärt. Konservative Politik hat sich niemals gegen Einwanderung ausgesprochen. Diejenigen, die den wirtschaftlichen Erfolg und die Internationalität Deutschlands im Auge haben, wissen um die Bedeutung einer kontinuierlichen und gesteuerten Zuwanderung. Aber konservative Politik geht davon aus, dass diese Zuwanderung die

Struktur einer Gesellschaft nur behutsam wandeln und keinesfalls spalten darf. Diesem Ziel wird die Zuwanderungspolitik in Deutschland in den letzten Jahrzehnten nicht gerecht. Dabei mag man zur Verteidigung anführen, dass die Integrationspolitik in unseren Nachbarländern, sei es in den Niederlanden, in Großbritannien oder in Frankreich, keineswegs erfolgreicher verläuft, sondern eher zu größeren Konflikten geführt hat. Dennoch bleibt festzuhalten: Bei der großen Zahl türkischer Zuwanderer ist bis zum heutigen Tag die Frage ihrer langfristigen Einordnung in die deutsche Gesellschaft nicht eindeutig geklärt.

Die Frage der Integrationsbereitschaft war der zentrale Gegenstand der sehr stark von mir mitgestalteten Diskussionen über die Einführung der doppelten Staatsbürgerschaft in den Jahren 1999 und 2000. Dass ich diese Fragen zum Gegenstand einer Wahlauseinandersetzung gemacht habe, hat mir viel Kritik eingetragen. Tatsache ist aber, dass die damalige Bundesregierung unter Bundeskanzler Gerhard Schröder versuchte, nach gewonnener Wahl diese grundsätzliche Frage in der Gesetzgebung zu entscheiden, obwohl sie gerade nicht Gegenstand des vorherigen Wahlkampfes gewesen war und obwohl eine offensichtliche deutliche Mehrheit der Deutschen eine solche Entscheidung ablehnte. Ich bleibe bei der Überzeugung: Integrationspolitik muss als eine der zentralen Zukunftsfragen unserer Gesellschaft Gegenstand demokratischer Wahlauseinandersetzungen sein. Wie sensibel das Thema ist, ist mir bewusst. Weder Wolfgang Schäuble noch Edmund Stoiber oder ich selbst haben in der von uns geprägten Debatte dieser Monate jemals aus dem Auge verloren, dass diese Diskussion leicht in radikales Fahrwasser abgleiten kann. Es ist gelungen, die offensichtliche Mehrheitsmeinung mit Hilfe eines Wahlkampfes politisch durchzusetzen. Aber es ging dabei nicht nur um Klärung der Frage, wie die Mehrheit der Menschen in Deutschland denkt. Es ging zugleich um eine sehr prinzipielle, die Position Deutschlands prägende Frage: Kann die Verleihung der deutschen Staatsbürgerschaft eine Vorleistung sein – in Hoffnung auf Integration? Dieser Meinung waren die Befürworter. Oder darf die Staatsbürgerschaft lediglich der Abschluss einer gelungenen Integration sein? Das war meine Position. Gerade nach den Diskussionen der letzten Jahre bin ich fester denn je davon überzeugt: Eine Gemeinschaft von Menschen muss die endgültige Mitgliedschaft in dieser Gemeinschaft von der gezeigten Bereitschaft zur Loyalität und Integration abhängig machen. Viele Menschen, die in den letzten Jahrzehnten nach Deutschland eingewandert sind, sind zu dieser Loyalität in jeder Hinsicht bereit. Für sie muss die Einbürgerung attraktiv sein. Diejenigen aber, die in Deutschland lediglich eine Enklave ihres eigentlichen Heimatlandes sehen wollen und dies auch ihren Kindern so vermitteln, sind Gäste, die mit Respekt behandelt werden, aber sie sind eben keine deutschen Staatsbürger. Wir alle müssen im Interesse einer zukunftsfähigen Gemeinschaft dafür werben, dass möglichst viele ausländische Staatsbürger, die dauerhaft in Deutschland leben werden, die deutsche Staatsbürgerschaft annehmen. Wir dürfen aber nicht darauf verzichten, dafür klare Bedingungen zu stellen und deren Einhaltung auch zu prüfen. Häufig sprechen wir heute über junge Menschen, deren Großeltern zum Beispiel aus der Türkei nach Deutschland gekommen sind. Schon ihre Eltern sind hier geboren. Sie wollen, dass ihre Kinder in Deutschland bleiben. Dann gibt es allerdings auch keinen Grund, dass die Eltern und ihre Kinder türkische Staatsbürger bleiben. Bei den in der Türkei geborenen Großeltern war die Liebe zum erlebten Heimatland Türkei selbstverständlich so groß, dass für sie die türkische Staatsbürgerschaft im Mittelpunkt stand. In der dritten Generation müssen wir erwarten, dass die Liebe zum Heimatland der Kinder, nämlich Deutschland, so groß ist, dass man sich in der Regel nicht mehr als türkischer, sondern eben als deutscher

Staatsbürger fühlt. Es ist nicht Assimilation, was damit verlangt wird. Der Stolz auf die Wurzeln in der Türkei, wenn möglich ein frühzeitiges Erlernen der türkischen Sprache durch die Kinder neben der deutschen Sprache, die Pflege von Traditionen, Musik und Geschichte, das alles bereichert die betroffenen Menschen ebenso wie uns alle, die in Deutschland dieses Maß an Internationalität erleben können.

Wir werden in den kommenden Jahren noch weitere Herausforderungen im Bereich der Zuwanderung erleben. Für eine schrumpfende Gesellschaft ist zwar die Zuwanderung keine angemessene Alternative, dennoch werden qualifizierte Fachkräfte aus anderen Ländern einen wichtigen Beitrag zum Wachstum der deutschen Wirtschaft leisten müssen. Es ist besser, dies geschieht in unserem Land, als dass die Wertschöpfung in andere Länder verlegt wird. Aber gerade weil es diese Auseinandersetzung auch in Zukunft geben wird, ist die Klarheit der Prinzipien von großer Bedeutung. Wenn diese Prinzipien nicht klar und damit kommunizierbar sind, wird eine Mehrheit der Bevölkerung Zuwanderung ablehnen. Dann hätten gerade diejenigen, die sich als Internationalisten verstehen, der Weltoffenheit Deutschlands einen Bärendienst erwiesen. Der Maßstab konservativer Politik weist hier einen guten Mittelweg: Einerseits darf sich eine Gemeinschaft nicht isolieren. Gerade die deutsche Gesellschaft profitiert von der Internationalität. Andererseits darf eine Gemeinschaft nicht überstrapaziert werden. Die Bandbreite der Unterschiedlichkeit muss sich in Grenzen bewegen, die für die aufnehmende Gemeinschaft keine dauerhafte Gefahr der Spaltung mit sich bringen. Menschen mit unterschiedlicher Geschichte, möglicherweise unterschiedlicher Religion und ganz bestimmt mit unterschiedlichen Emotionen müssen ein patriotisches Gefühl der Gemeinsamkeit und Zugehörigkeit für ihr Land, nämlich das Land, in dem ihre Kinder geboren wurden und in dem sie selber begraben werden, entwickeln. Dieses patriotische Band muss sich auf Dauer aufgrund freier Entscheidung auch um sie legen. Dann ist die Integration beendet und noch lange keine Assimilation heraufbeschworen.

Eine solche Integrationspolitik ruft Widerstände hervor. Das habe ich in Hessen nur allzu deutlich erfahren. Aber zu den hessischen Erfahrungen gehört auch, dass eine solche Politik möglich ist. Wir haben den ersten Integrationsbeirat in Deutschland eingerichtet und Schluss gemacht mit der unseligen Trennung in Gremien mit deutscher Besetzung und Ausländerbeiräten, die dann in einer Art Tarifverhandlung über die Zukunft berieten. Jetzt sitzen alle an einem Tisch. Diese Integrationsbeiräte haben viele wegweisende Anleitungen zum Zusammenleben in unterschiedlichen Lebensbereichen wie Schule, Sport, Gesundheit und auch Religion formuliert und damit zugleich einen neuen Geist der Zusammenarbeit entwickelt. Heute gibt es nahezu in ganz Deutschland Integrationsbeiräte. Das Bundesland Hessen hat im Jahr 2005 von der türkischen Regierung den Integrationspreis erhalten.

Deutschland in der Mitte dieses Jahrhunderts kann ein erfolgreiches und glückliches Land sein. Es hat dazu nicht nur die wirtschaftlichen, sondern auch die gesellschaftlichen Potentiale. In einer globalisierten Welt ist Internationalität ein großer Wert. In großen Teilen der Welt steht eine freiheitliche und selbstverantwortliche Zivilgesellschaft mit allen kreativen Potentialen erst am Anfang der Entwicklung, während wir auf bewährte Strukturen bauen können. Allerdings müssen wir unsere traditionellen Stärken dann auch aus innerer Überzeugung zum Kern unserer Zukunftsplanung machen. Das bedeutet, den Staat nicht zu einem anonymen Regulator und Dienstleister zu machen, sondern friedenssichernde staatliche Autorität mit selbstbewusstem Bürgersinn und dem gemeinschaftlichen Engagement jedes Einzelnen zu verbinden. Zu den spannenden Fragen der kommenden Jahre wird gehören, ob die Deutschen zu einem darauf basierenden „deutschen

Konsens" bereit sind, nicht nur abstrakt, sondern auch im eigenen Leben. Die Antwort auf diese Frage wird über die innere Stabilität unseres Landes und zugleich über unseren Platz im gemeinsamen Europa und in der Welt entscheiden.

8. Deutschland, Europa und die Welt

Deutschland darf sich nicht selbst genug sein

Durch alle Höhen und Tiefen seiner Geschichte und in den unterschiedlichsten Formen der Kleinstaaten und des einheitlichen Staates hat Deutschland sich immer als wesentlicher Faktor europäischer und auch internationaler Politik verstanden. Sicherlich wird die Bedeutung eines Volkes mit 80 Millionen Einwohnern im Verlauf der Entwicklung zu einer multipolaren globalen Welt eher geringer. Dennoch werden wir uns nicht dagegen wehren können, dass Deutschland die zentrale kontinentaleuropäische Macht ist. Dieses Schicksal zu akzeptieren ist für Deutschland in den letzten 60 Jahren nicht immer einfach gewesen. Zugleich ist es für alle unsere Nachbarn bis heute nicht einfach, diese Tatsache anzuerkennen. Die alliierten Siegermächte haben ja mit der Einführung des Föderalismus den Versuch unternommen, durch eine dezentrale Entscheidungsstruktur mit sehr starken Bundesländern diese Rolle Deutschlands in Europa wenigstens vom gefürchteten Zentralstaat abzusetzen und damit erträglicher zu machen. Letztlich ist dies aufgrund der wirtschaftlichen Stärke Deutschlands nicht wirklich gelungen.

Die starke Rolle, die Deutschland heute wieder in der Welt spielen kann oder muss, führt zu vielfältigen Verpflichtungen. Deutschland ist in den letzten Jahrzehnten ein Vorbild in dem Engagement in internationalen Organisationen wie der UNO oder der Weltbank geworden. Die aus der deutschen Geschichte zwingend folgende vorsichtigere Betonung nationaler Interessen muss verbunden sein mit klaren Maßstäben für Kooperation oder Konfrontation. Dabei spielen die Menschenrechte eine ganz zentrale Rolle. Wenn es auch für manche Konservative ein schwieriger Prozess war, anzuerkennen, dass der Sieg der Alliierten 1945 eben eine Befreiung und keine Niederlage war, so gibt es heute keinen Zweifel, dass gerade wir kein Recht haben, zuzuschauen, wenn Menschenrechte mit Füßen getreten werden. Der Jugoslawien-Konflikt am Ende des letzten Jahrhunderts hat uns nur zu deutlich gezeigt, dass Kriege immer noch in unserer Nähe möglich sind, er hat den Deutschen die Bilder des menschenverachtenden Abschlachtens in jede Wohnung gebracht und letztlich sogar die am ehesten pazifistisch eingestellten Grünen zu der Überzeugung veranlasst, dass militärisches Eingreifen geboten war. Für Deutschland war dies eine prägende Erfahrung.

Konservative Politik hat immer sehr stark auch auf die außenpolitische Autorität des Staates geachtet. Es ist das Verdienst von Konrad Adenauer, sehr schnell nach der Katastrophe des Zweiten Weltkriegs wieder das Vertrauen und die Anerkennung der Weltgemeinschaft für Deutschland erlangt zu haben. Eine der wichtigsten Weichenstellungen war dabei die Konzentration auf eine wertegebundene Allianz freiheitlicher Staaten. Die Entscheidung für eine solche an Werten orientierte Politik hatten zuvor die westlichen alliierten Siegermächte bereits bei der Zusammenführung der drei westlichen Besatzungszonen zur neuen Bundesrepublik Deutschland getroffen. Im Zweifel war die Freiheit wichtiger als die Einheit. Heute wissen wir, dass nur diese Entscheidung zugunsten der Freiheit letztlich nach vielen Jahrzehnten auch die Einheit in Freiheit ermöglicht hat. Die Logik dieser wertegebundenen Außenpolitik führte zum NATO-Bündnis und zur Gemeinschaft europäischer Staaten. Die Wiedergewinnung des Vertrauens unserer Nachbarn auf der Basis einer Wertegemeinschaft und die Bildung einer europäischen Gemeinschaft sind ein großer Erfolg konservativer, wertegebundener Politik.

Das Spannungsfeld von nationaler Souveränität und europäischer Zukunft

Dennoch ist gerade in den Kreisen der Konservativen die Europapolitik heute der entscheidende Punkt für große Zweifel. Wie weit soll die Übertragung von Souveränität auf die neue europäische Staatengemeinschaft gehen? Was geben wir Deutschen auf? Werden wir die Zahlmeister Europas sein? Wer soll alles zu Europa gehören? Nach der ersten Phase der Freude über die Wiedergewinnung der Freundschaft unserer Nachbarn stehen diese Fragestellungen heute im Mittelpunkt und führen zu vielen skeptischen Fragen an die aktuelle Europapolitik gerade auch der „Europa-Partei" CDU. Auch hier gilt es zunächst wieder zu fragen, was eigentlich die Prinzipien sind, die über die Wandlungen des Zeitgeistes hinaus Bestand haben müssen. Zum Einen ist dies die Aufrechterhaltung der prinzipiellen Souveränität des deutschen Volkes und seiner demokratisch gewählten Institutionen. Zum Anderen müssen in jeder Verbindung mit anderen Staaten die Grundwerte, die das Gemeinwesen zusammenhalten, auch für diese Kooperationen Gültigkeit haben; je enger die Zusammenführung ist, umso mehr. Diese Grundwerte sind Friedfertigkeit und Sicherung von persönlicher Freiheit, aber eben auch der historische Kontext, der zur patriotischen Grundsubstanz unseres Landes gehört. Auch hier gilt, dass die Entwicklung von Christentum und Judentum in Europa, ihre schmerzhaften Wandlungen und ihr Einfluss auf alle Bereiche des kulturellen Zusammenlebens nicht zur Disposition stehen dürfen.

Sowohl die formalen als auch die inhaltlichen Kriterien sind keineswegs ohne Probleme und rechtfertigen manchen Zweifel. Es handelt sich eben wieder um eine Entwicklung, wie sie in diesem Buch schon mehrfach erörtert wurde, dass sich die Umgebung auch der prinzipiellen Fragestellungen verändert und die immer noch gültigen Grundprinzipien auf diese veränderte Situation angewandt werden müssen. Die Diskussion um den Souveränitätsbegriff ist dafür ein ausgezeichnetes Beispiel. Das Bundesverfassungsgericht hat in seinen Entscheidungen zu den europäischen Verträgen (Lissabon-Urteil des BVerfG vom 30. Juni 2009; Entscheidungssammlung des Bundesverfassungsgerichts Bd. 123, S. 267) seine Zurückhaltung bei jeder Form der Übertragung von Souveränitätsrechten außerordentlich deutlich gemacht. Gerade in dem letzten Urteil zu dem Vertrag von Maastricht kommt der ganze Konflikt zwischen dem „Bewahren" und dem „Entwickeln" zur Geltung.

Die geistigen Wurzeln Europas

Zu Recht kritisieren nicht nur konservative Politiker in Deutschland das Fehlen jedes Gottesbezuges in der Charta der europäischen Grundrechte. Diese insbesondere dem Laizismus in Frankreich geschuldete Unterlassung macht die Akzeptanz von Souveränitätsübertragungen auf die Europäische Union schwieriger. Viele in Europa wissen, wie schwierig und spannungsgeladen der Entwicklungsprozess des kulturellen Raums war, den ich hier „christliches Abendland" nenne. Diejenigen, die diesen Begriff erfanden, waren keineswegs Befürworter von Freiheit und Demokratie. Man muss einräumen, dass dieser Begriff zunächst eine Antwort auf den Untergang des Heiligen Römischen Reiches Deutscher Nation am Anfang des 19. Jahrhunderts war; dieser Untergang war ganz wesentlich ein Ergebnis der französischen Revolution und ihres Erben Napoleon. Dagegen stellten deutsche Intellektuelle wie Friedrich von Hardenberg (Novalis), Friedrich Schlegel und Joseph Görres (Hans Joachim Meyer, in: Christean Wagner [Hrsg.], Was uns leitet – Eckpfeiler einer bürgerlichen Kultur, Frankfurt 2007, S. 70) den Begriff des christlichen Abendlandes. Zu dieser Zeit galt die Aufklärung als ungeschichtlich, eine Einschätzung, die nicht zuletzt dadurch provoziert wurde, dass die Jakobiner das Christentum durch den „Kult der Vernunft" ersetzen wollten und damit aus der Aufklärung eine antireligiöse Ideologie machten. Wer diese Entwicklung angesichts unseres Stolzes, mit dem wir heute den Begriff des christlichen Abendlandes verbinden, verstehen will, muss auf die großen Linien der europäischen Geistesgeschichte zurückkommen. Was die geistige Geschichte Europas im Vergleich mit anderen Teilen der Menschheit charakterisiert, ist ihr diskursiver Grundzug (Meyer, ebenda, S. 78). Man muss sich immer wieder vor Augen halten, dass die geistige Entwicklung Europas von unterschiedlichen Strömungen in spannungsvoller Wechselwirkung geprägt worden ist. Da ist zum einen das Erbe der griechischen und römischen Antike, zum anderen die Geschichte der jüdischen und christlichen Glaubenstraditionen und zum dritten die revolutionäre Kraft der Aufklärung. Diese drei Quellen standen niemals nur in Konkurrenz zueinander, sondern sie haben sich in der Gestaltung des Erbes, das sie hinterlassen, gegenseitig befruchtet und verändert. Dieser Prozess macht Europa einzigartig. Das ist kein Anlass zur Arroganz. Aber eine selbstbewusste Analyse muss Chance und Risiko dieser Besonderheit ins Auge fassen.

Wo genau ist Europa?

Diese sehr grundsätzlichen Argumente spielen auch bei der Frage nach den räumlichen Grenzen des zukünftigen gemeinschaftlichen Europas nach meiner Überzeugung die entscheidende Rolle. Es geht nicht um die Frage geographischer oder zahlenmäßiger Grenzen der Europäischen Union. Vielmehr erfordert die Übertragung von Souveränitätsrechten die Gewissheit, dass der zukünftige Träger der Souveränitätsrechte in der kulturellen Tradition der Herleitung der Grundwerte keine prinzipiellen Unterschiede aufweist. Schon die unterschiedliche Prägung durch große religiöse Traditionen wie Judentum und Christentum einerseits und Islam andererseits rechtfertigt gewichtige Fragen. Das Besondere der europäischen geistesgeschichtlichen Entwicklung der vergangenen 2.000 Jahre ist mehr als eine unterschiedliche religionsgeschichtliche Entwicklung. Mag sein, dass der Islam die schwierige Zeit der Aufklärung, wie sie Europa Anfang des 19. Jahrhunderts prägte, erleben wird. Aber erst danach könnte man sagen, ob es wirklich eine hinreichende Übereinstimmung in den verfassungsbegründen Grundansichten gibt. Bis dahin jedenfalls ist es unfair, der türkischen Bevölkerung und einer mit respektablen Schritten die Modernisierung vorantreibenden Regierung die Illusion zu geben, es hänge nur an wenigen einzelnen gesetzgeberischen Maßnahmen, die die Türkei noch von Europa trennen. Deshalb bleibt die sehr im weltpolitischen Interesse liegende enge Zusammenarbeit zwischen der Türkei und Europa auf eine privilegierte Partnerschaft konzentriert.

Das Bundesverfassungsgericht hat bei seiner skeptischen Betrachtung der Geschwindigkeit der europäischen Integration nicht in erster Linie die gemeinsame europäische Werteordnung angesprochen, obwohl bezüglich der Bewahrung des deutschen Verfassungsverständnisses natürlich hier eine ganz wichtige Souveränitätsfrage gestellt wird. Dem Gericht ging es mehr um die demokratische Legitimation dieses künftigen Europas. Die rüde Art, in der das Bundesverfassungsgericht dem Europäischen Parlament die demokratische Legitimation abgesprochen hat, ist sicher in Europa einmalig. Die dahinter liegende Fragestellung geht auf einen klassisch konservativen Kontext zurück, nämlich die Alternative von Bundesstaat und Staatenbund. Wenn man die Kriterien Staatlichkeit, Volkssouveränität und gegenseitige internationale Anerkennung strikt traditionell definiert, dann wird das Europa der Zukunft kaum zu gestalten sein. Die Vielfalt der regionalen Kulturen in Europa zeigt sich nicht nur in den unterschiedlichen Sprachen, die mit Stolz gesprochen werden. Sie wird manifest auch in der grundsätzlichen patriotischen Beziehung der einzelnen Völker auf ihre jeweilige Identität. Diese Identität zu brechen, ist weder möglich noch wünschenswert. Andererseits werden sich die europäischen Staaten enger aneinander binden müssen, als es der Begriff des Staatenbundes suggeriert, wenn wir die aus der Souveränität abgeleitete Gestaltungsfreiheit nicht nur nach innen, sondern nach außen bewahren wollen.

Stark durch die gemeinsame Währung

Es ist Helmut Kohl aus deutscher Sicht zu danken, dass er in der Gestalt der Europäischen Union eine Friedensordnung auf dem europäischen Kontinent mitgeschaffen hat, die die deutsche Einheit für unsere Nachbarn überhaupt erst denkbar und erträglich gemacht hat. Sein Hauptwerk neben der deutschen Einheit, die Einführung der gemeinsamen europäischen Währung, war die logische Vollendung des ersten Schrittes dieser Friedensordnung. Wir sehen in den Diskussionen über die Konsequenzen der aktuellen Finanzkrise allerdings auch, dass eine gemeinsame Währung auf der Basis eines Staatenbundes auf Dauer nicht die Stabilität erreicht, die in einem so komplexen Weltwirtschaftssystem notwendig ist. Die Unfähigkeit einiger europäischer Staaten, die Krise aus eigener Kraft zu bewältigen, erfordert Konsequenzen. Dazu gehört ein neues Regime der an der gemeinsamen Währung beteiligten Länder, was unvermeidlich einen Eingriff in die Souveränität bedeutet, der den Begriff des Staatenbundes sprengt. Dabei geht es nicht um radikale Alternativen wie „europäische Wirtschaftsregierung" oder „keine europäische Währung". Es geht vielmehr um pragmatische Lösungen, wie etwa die Schaffung eines „Europäischen Währungsfonds".

Einige in Deutschland und Europa, aber auch in anderen Teilen der Welt, stellen jedoch deshalb die Richtigkeit der Entscheidung zugunsten einer gemeinsamen europäischen Währung wieder in Frage. Das ist falsch. Hier spätestens müssen alle, die über europäische Politik sprechen, die Einordnung Europas in die Welt von morgen bedenken. Selbst die Euro-Zone insgesamt hatte 1950 nur 10 % der Weltbevölkerung in ihren Grenzen. Schon bei der Einführung des Euro waren es nicht einmal mehr 5 %, Tendenz fallend. Bereits im Jahr 2015 werden die sich entwickelnden Länder ein GDP haben, das dem der USA, der Euro-Zone und Japan zusammen von 2010 entspricht.

Wer diese Zahlen sieht, kann sich vorstellen, dass Deutschland allein und für sich genommen kein wirklich ernst zu nehmender Faktor in der Welt sein kann. Die ganze Europäische Union, ganz besonders aber Deutschland, kann in einer multipolaren Welt nur eine Rolle spielen, wenn der Rest der Welt dieses Europa als Einheit wahrnimmt. Henry Kissinger hat einmal die Frage nach der Telefonnummer Europas gestellt. Die Antwort auf diese Frage wird angesichts der unbedingt notwendigen Souveränitätsrechte der einzelnen europäischen Staaten immer kompliziert bleiben. Natürlich müssen sie diese Souveränitätsrechte auch wirklich ausüben können. Aber klar ist auch: Ein undifferenziertes Beharren auf dem traditionellen Souveränitätsschema ohne Rücksichtnahme auf die Veränderung der Welt dient nicht dem konservativen Ziel der Erhaltung freier und starker Gemeinschaften. Dies zu erkennen ist mit vielen Ängsten und Sorgen verbunden. Gerade wir Deutschen sind nach zwei Inflationen gerade in der Frage einer einheitlichen Währung besonders sensibel.

Für die Frage des Bundesverfassungsgerichtes nach der demokratischen Legitimation europäischer Institutionen folgt aus dieser Analyse: Es muss in der besonderen Lage Europas etwas

Neues geben, das eben nicht ein Bundesstaat, aber eben doch mehr als ein Staatenbund ist. Diese Frage zeigt nach meiner Überzeugung auch erneut, dass konservative Politik am Anfang des 21. Jahrhunderts eben nicht rückwärtsgewandt und altertümlich ist. Die Anhänger konservativer Politik können sich auch nicht auf der vermeintlichen Verlässlichkeit altbekannter Strukturen ausruhen, sondern gerade anhand der Europapolitik zeigt sich, dass das Bewahren wichtiger Prinzipien in einer sich wandelnden Welt auch Veränderungen erfordert, die emotional starke Herausforderungen mit sich bringen.

Bürokratische Regelungswut gefährdet europäischen Gedanken

Diese abstrakte Erkenntnis über die Richtigkeit europäischer Integration ist, aus der Lebenserfahrung eines Ministerpräsidenten heraus gesprochen, keineswegs immer leicht zu leben. Denn neben diesen grundsätzlichen Erwägungen zeigt sich, dass sich Europa auch zu einem bürokratischen Moloch entwickelt, der die größte Gefahr für die Akzeptanz und die Legitimation europäischer Instanzen geworden ist. Auch hier gilt, dass wir eben nicht auf dem Weg zu einem europäischen Bundesstaat sind. Europäische Institutionen dürfen nicht in eine Regelungswut verfallen, die wir in Deutschland dem Bund gegenüber den Ländern, den Städten und Gemeinden niemals erlaubt hätten. Das Prinzip der Subsidiarität wird auch und gerade vom Europäischen Parlament missachtet. Die neuen europäischen Verträge erlauben erstmals, auch gerichtliche Instanzen in Anspruch zu nehmen, wenn das Prinzip der Subsidiarität verletzt wird. Der Konflikt ist noch nicht gelöst. Für mich persönlich ist eine Europäische Union nur dann mit meinem Verständnis der Eigenstaatlichkeit der Bundesrepublik Deutschland vereinbar, wenn sich die Institutionen Europas auf wesentliche Grundlinien konzentrieren. Den

Regionen muss es erlaubt bleiben, in den Angelegenheiten des täglichen Lebens nach den regionalen und kulturellen Besonderheiten angepasste eigenständige Regelungen zu treffen. Das wird Europa nicht einfacher machen, und darüber werden sich viele Vertreter der Wirtschaft, die es gerne bequemer hätten, beschweren. Aber das Spannungsfeld unterschiedlicher Ideen, in diesem Fall von europäischer Gesamtstaatlichkeit und der Souveränität der Einzelstaaten, macht Europa aus. Europa ist nur zu dem geworden, was es heute ist, weil es die Chance hatte, diese widerstreitenden Prinzipien historisch einander anzunähern.

Verteidigungswille und Verteidigungsfähigkeit

Ein zweites Problem im Wechselspiel zwischen Innenpolitik und Außenpolitik wird uns in den kommenden Jahren ebenfalls nicht loslassen: die Verteidigungspolitik. Hier steht unser Land gemeinsam mit vielen Staaten in Europa vor grundlegenden Entscheidungen. Keine dieser Entscheidungen wird für ein einzelnes Land getroffen. Längst sind die NATO und die Europäische Verteidigungsgemeinschaft die entscheidenden überstaatlichen Instanzen, die Verteidigungswillen und Verteidigungsfähigkeit definieren. Wir müssen uns fragen, wie wir uns daran beteiligen wollen.

Jedes Mal, wenn die Gefahr besteht, dass deutsche Soldaten betroffen werden, weil die Bundesrepublik Deutschland in der Gemeinschaft anderer Staaten auch militärische Verantwortung übernehmen muss, bekommen das besonders die bürgerlichen Parteien an der Wahlurne zu spüren. Demokratische Gesellschaften haben den Vorteil, dass kriegslüsterne Regierungen eher abgewählt werden. Aber in Deutschland kommt die aus schrecklicher Erfahrung gespeiste entschiedene Ablehnung jeder kriegerischen Beteiligung gerade in den älteren und konservativen Wählerschichten vor. Ich erinnere mich nur zu gut an die apodiktische Ablehnung meines Vaters – Kriegsgeneration und aktiver CDU-Politiker – jeder deutschen Verwicklung in den Irak-Krieg 1991. Viele im Ausland können diese besondere deutsche Situation gar nicht verstehen. Ich erinnere mich sehr gut an meinen Besuch im Weißen Haus am 15. Mai 2003, bei dem ich den damaligen US-Vizepräsidenten Dick Cheney traf und zu meiner Überraschung auch US-Präsident George W. Bush zu dem Gespräch hinzustieß. Er fragte nach der so engagierten Ablehnung von Kriegseinsätzen gerade in Deutschland, das doch im Kalten Krieg seinen Schutz der Freiheit nur durch die Bereitschaft anderer Länder zum militärischen Engagement bekommen konnte. Ich habe versucht, zu erklären, dass ein Volk, das durch militärische Aggressionen so viel Leid über andere Völker und sich selbst gebracht habe, das anschließend über mehr als vier Jahrzehnte aus Sorge um die internationale Stabilität von jeder militärischen Mitverantwortung freigestellt wurde, nicht einfach durch Knopfdruck nach der glücklichen Wiedervereinigung zu einem Volk werde, das geradezu darauf wartet, endlich wieder an einer militärischen Auseinandersetzung beteiligt zu sein. Ich bin nicht sicher, ob ich mit diesen nach meiner Überzeugung richtigen Argumenten wirklich erfolgreich war, zumal die damalige Instrumentalisierung des Irak-Krieges durch Bundeskanzler Gerhard Schröder kein Beispiel für besonders respektable grundsätzliche Überlegungen war.

Dass die Geschichte uns nicht von der Verpflichtung zur Entscheidung im Hier und Jetzt befreit, ist allerdings schon kurz nach der Wiedervereinigung deutlich geworden. Der militärische Einsatz der amerikanischen und der deutschen Streitkräfte zur Sicherung der Menschenrechte im ehemaligen Jugoslawien war wichtig. Die Tatsache, dass die notwendige Entscheidung von einer Bundesregierung unter der Beteiligung der Partei „Bündnis 90/Die Grünen" getroffen wurde, war sicher für den inneren Frieden der Bundesrepublik Deutschland sehr hilfreich. Der Weg des damaligen Außenministers Joschka Fischer zu dem Repräsentanten eines Landes im militärischen Konflikt bedeutet einen wichtigen Schritt für den deutschen Wiedereintritt in die internationale Verantwortungsgemeinschaft. Wären die Grünen zu dieser Zeit nicht an der Regierung beteiligt gewesen, hätte die richtige und notwendige Entscheidung einen großen gesellschaftlichen Konflikt ausgelöst. Doch dieser gerade auch für Konservative schmerzhafte Schritt in die Teilnahme an der internationalen Verantwortung zur Sicherung und Wiederherstellung von Frieden bedeutet nicht, dass alle Fragen geklärt sind. Deutschland am Hindukusch in Afghanistan zu verteidigen, entspricht so gar nicht dem konservativen Weltbild.

Deutschland braucht auch in Zukunft ausreichende militärische Stärke. Ohne diese Stärke ist Deutschland kein gleichwertiges Mitglied der Weltgemeinschaft. Alle Bemühungen zur Friedenserhaltung in der Welt werden neue, durch Menschen organisierte Bedrohungen nicht verhindern können. Die gleichen Bürger, die Militärs skeptisch sehen und den Verteidigungshaushalt als erstes kürzen wollen, verlangen zugleich, dass wir nicht wegsehen, wenn Menschenrechte verletzt werden, und dass wir überall auf der Welt die Fähigkeit behalten, Angriffe auf Deutschland und seine Bürger zu unterbinden. Das erfordert eine andere Armee, als wir sie in der Vergangenheit kannten. Aber diese Armee wird nicht preiswerter zu haben sein, sie muss in der Bevölkerung verankert bleiben, und sie wird in heiße militärische Auseinandersetzungen verwickelt werden, bei denen Soldaten und Zivilisten leider auch Opfer werden können. Wenn es die Aufgabe konservativer Politik ist, die Menschen vor Illusionen über die menschliche Fähigkeit zur totalen Gestaltung der Welt zu bewahren, dann ist es auch die Aufgabe von Konservativen, darauf zu achten, dass die Fähigkeit des Staates zur Abwehr jedes Versuchs, die gemeinschaftliche Ordnung zu zerstören, erhalten bleibt. Das kostet Geld und den Einsatz der Menschen. Zu dieser Sorge um die Verankerung der Verteidigungsbereitschaft in die Gesellschaft gehört es auch, die Risiken und Opfer militärischer Aktionen nicht zu unterschätzen. Dem ehemaligen Verteidigungsminister Franz-Josef Jung ist es zu verdanken, dass die zu diesem Verständnis notwendigen Symbole wie Gelöbnis und Vereidigung der Rekruten vor dem Reichstag, Schaffung der Tapferkeitsauszeichnungen und die Errichtung eines Ehrenmals für gefallene Soldaten inzwischen ihren festen Platz haben.

Natürlich sind die daraus folgenden Konsequenzen alles andere als populär. Die Gemeinschaft der NATO-Staaten erwartet von uns Deutschen, dass wir etwa 1,5 % unseres nationalen Volkseinkommens für Verteidigungsanstrengungen bereitstellen. Wir sind in Deutschland gerade dabei, den Anteil der Verteidigungsausgaben auf unter 1 % zu reduzieren. Damit wird ein der Stärke und den Interessen Deutschlands angemessener Beitrag nicht zu erbringen sein. Auch Konservative streiten heute über die Kernaufgaben des Staates, aber es kann keinen Zweifel geben, dass die Verteidigung des Landes zu diesen Kernaufgaben gehört. Die Stabilität eines Staates ist gefährdet, wenn Fragen der inneren Sicherheit oder der Sozialpolitik falsch behandelt werden – und auch, wenn die Verpflichtung, die Verteidigungsfähigkeit zu erhalten, missachtet wird. Verteidigungsausgaben und Wehrpflicht sind zu einer Zeit entstanden, in der die russischen Panzer zehn Kilometer vor Fulda standen. Das wird hoffentlich nie wieder passieren, aber eine Armee, die auf die Herausforderung einer asymmetrischen Bedrohung genauso reagieren kann, wie auf die Anfrage zur Unterstützung der staatlichen Integrität eines befreundeten Landes oder zur Hilfe bei Katastrophen jeder Art, behält ihre Bedeutung. Auch im Blick auf die deutsche Geschichte können wir froh sein, dass diese mit so herausfor-

dernden Aufgaben konfrontierte Bundeswehr eine Bürger-
armee mit einer großen Zahl von Wehrpflichtigen ist. Mag
sein, dass, rein finanzwirtschaftlich gedacht, eine vollständige
Berufsarmee billiger ist. Aber die enge Verbindung einer frie-
densliebenden Bevölkerung mit ihrer Armee und zugleich
eine Armee, die die Chance zur Rekrutierung aus allen Schichten der Bevölkerung erhält, dient dem Gemeinwesen. Wenn
man dieses Ziel akzeptiert, macht es allerdings auch keinen
Sinn, in einem politischen Wettbewerb die notwendigen
Dienstzeiten der wehrpflichtigen Soldaten immer weiter zu
verkürzen. Denn wenn Soldaten nur noch für sechs Monate
einberufen werden, zeigt das den Betroffenen schon bei ihrer
Einberufung, dass ihr Dienst nicht richtig wertgeschätzt wird.
Nach meiner Erfahrung sollte im Rahmen eines allgemeinen
Pflichtjahres auch ein Wehrdienst von mindestens neun Mo-
naten abgeleistet werden.

Konservative haben immer schon auf die Bedeutung des
gemeinsamen Bandes für den Zusammenhalt einer Gemeinschaft, und damit auch des Staates, hingewiesen. Diejenigen,
die mit diesem Staatsbegriff gar nichts mehr anfangen wollten, unterstellten all denjenigen, die so dachten, reaktionäre
Vorstellungen. In einem eher aus dem linken Spektrum der
Gesellschaft geprägten Medienklima dominierten die „Universalbürger" lange Zeit die Diskussion so stark, dass auch Politiker der politischen Mitte kaum noch wagten, über Mindestbedingungen der Integration zu diskutieren, geschweige
denn sie einzufordern.

9. Die Rolle der Religion

Politik in Verantwortung vor Gott

Immer wieder werden in der politischen Debatte die Begriffe „konservativ" und „christlich" entweder synonym gebraucht oder zumindest zueinander in Bezug gesetzt. Dies verwundert insofern, als der politische Konservatismus eher von politischem Pragmatismus und menschlicher Erfahrung als von religiösem Wahrheitsanspruch und dogmatischer Ideenlehre geprägt ist. Gleichzeitig ist beim Blick in die parteipolitische Landschaft der westlichen Demokratien eine gewisse Parallelität zwischen religiöser Verortung und einer Neigung zum Konservativen nicht zu verkennen. Welche Rolle spielt also die Religion im Staatsverständnis der Konservativen?

Die Mütter und Väter des Grundgesetzes konzipierten die neue Verfassungsordnung explizit „in Verantwortung vor Gott", wie es in der Präambel des Bonner Grundgesetzes heißt. Dieser Bezug auf die Transzendenz hat Auswirkungen auf unser politisches Gemeinwesen. Ich persönlich interpretiere das Grundgesetz dabei vor dem Hintergrund des christlichen Menschenbilds. Dies deckt sich durchaus mit den Ergebnissen einer historischen Interpretation des Grundgesetzes, wie ich sie in meiner juristischen Ausbildung kennen gelernt habe. Inwieweit jedoch auf Dauer der Gott des Grundgesetzes mehrheitlich mit dem Gott der Christen gleichgesetzt wird, wird nicht zuletzt davon abhängen, wie viele Menschen in Deutschland den christlichen Gott als ihren Gott ansehen. Es braucht dabei nicht unbedingt den Glauben an den christlichen Gott, um die im Grundgesetz verankerten Begriffe von

Würde und Freiheit nachvollziehen und teilen zu können. Mir erscheint richtig, was Bundesverfassungsrichter Udo di Fabio zu dieser Frage ausführte. Demnach ist „der Gottesbegriff in der Präambel des Grundgesetzes „schwierig und als Teil eines Rechtsdokuments der Erklärung bedürftig". Welcher Gott gemeint sei, darüber sage die Präambel nichts. Di Fabio führt weiter aus: „Das kann der Gott des Gläubigen sein, und ich glaube sogar, das kann der Gott des Atheisten sein. Denn auch für den Atheisten wird damit nichts anderes gesagt, als dass es eine andere Dimension der Einsicht geben kann, die nicht im praktischen oder theoretischen Diskurs betretbar ist. Es geht also um die Möglichkeit von Transzendenz, die man auch einräumen kann, wenn man nicht an Gott glaubt" (Udo di Fabio, Interview im „Bonner Rechtsjournal" vom 22. Juni 2009). Diese Interpretation ermöglicht es auch demjenigen, der an einen anderen als den christlichen Gott glaubt, den Grundentscheidungen unserer Verfassung zuzustimmen. Die Tradition unseres Landes und seiner die Rechtordnung begleitenden Symbole sowie die sie umgebenden Großerzählungen werden ihren Ursprung immer in der christlich-jüdischen Tradition Europas haben. Wer unter Berufung auf einen anderen Gott andere Grundentscheidungen durchsetzen will, verlässt den Boden unserer Verfassung.

Den Müttern und Vätern unseres Grundgesetzes war die Trennung von Kirche und Staat bereits lange bekannt. Es ist daher spannend, sich zu fragen, weshalb sie unserem politischen Gemeinwesen dennoch einen festen transzendenten Bezugsrahmen gegeben haben. Nicht zuletzt aufgrund der menschlichen und moralischen Katastrophe des Dritten Reiches stand den Politikern der ersten Stunde klar vor Augen, dass der moderne Staat Religion braucht, weil sie den Menschen über sich hinaus führt. Diese Erkenntnis hat der spätere Bundesverfassungsrichter Ernst-Wolfgang Böckenförde unter anderem in seinem Buch „Staat, Gesellschaft, Freiheit" von

1976 in erweiterter Form zum Ausdruck gebracht, indem er festhielt, dass der freiheitliche, säkularisierte Staat von Voraussetzungen lebe, die er selbst nicht garantieren könne. Der demokratische Staat kann seine Bürger nicht zwingen, gute Demokraten zu sein. Der gesellschaftliche Zusammenhalt kann nicht per Dekret verordnet werden. Und wenn die Bürger keine ethischen Grundsätze haben, wird der Staat sie ihnen auch nicht aufzwingen können.

Das Verhältnis von Kirche und Staat

Man sollte sich davor hüten, dass Böckenförde-Diktum dahingehend zu interpretieren, dass Staat und Kirche Hand in Hand agieren sollten. Kirche und Staat müssen mit Blick auf ihren unterschiedlichen Anspruch ihre vollständige Unabhängigkeit voneinander respektieren und mit Blick auf die soziale Realität ihre gegenseitige Abhängigkeit akzeptieren. Keine der beiden Institutionen hat ein Recht darauf, die andere zu beeinflussen, aber beide Institutionen können der Gefahr unterliegen, sich gegenseitig zu schaden. Dies ist nicht nur ein theoretischer Leitsatz. Man kann ihn in konkrete Politik übersetzen. So habe ich als Ministerpräsident in einer meiner ersten Verhandlungen mit den Kirchen eine Garantie abgegeben, dass unabhängig von der Zahl der Studierenden keine religionswissenschaftliche bzw. theologische Fakultät in Hessen geschlossen wird, sondern dass Forschung und Lehre in diesem Bereich mit einem notwendigen Mindestbestand eine institutionelle Garantie erhalten. Dies geschah in der Überzeugung, dass Forschung und Lehre über die christliche Religion unverzichtbarer Bestand der intellektuellen Entwicklung unseres Gemeinwesens bleiben müssen. Gemeinsam mit dem kreativen und entschlossenen Finanzminister Karlheinz Weimar habe ich in diesem Sinn auch eine lange Debatte über die Kosten der Erhaltung der Kirchen durch einen dauerhaften Baulasten-vertrag zwischen dem Land Hessen und den Kirchen beendet. Damit wurde die Zukunft kirchlicher Gebäude als Baudenk-mäler und Stätten der Spiritualität auf Dauer gesichert. Welche Bedeutung der keineswegs selbstverständlich aus-geglichene moralische Grundwasserpegel für eine Gesellschaft gewinnen kann, daran erinnert der Gedanke an das dunkelste Kapitel der deutschen Geschichte. Das NS-Regime hatte zur schrecklichen Realität werden lassen, was Fjodor Dostojewski bereits im 19. Jahrhundert befürchtet hatte: „Wenn es keinen Gott gibt, dann ist alles erlaubt." Religiosität und Kirchlichkeit der Menschen in Deutschland waren durch Allmachtglauben und Kollektivismus der Nationalsozialisten ersetzt worden. Die Gründung der CDU hatte eine maßgebliche Triebfeder in der Überzeugung, dass es nie mehr wieder so weit kommen dürfe. Der Schock über den Verfall von Ethik und Moral in der nationalsozialistischen Regierungszeit fand einen kons-truktiven Ausdruck darin, dass die Gründer der CDU die ehe-mals bestehenden Gräben zwischen den Konfessionen endgül-tig überwanden. Die neue Partei sollte nicht konfessionell, sondern christlich und ökumenisch geprägt sein.

Wozu Glaube befreit

Auch der christliche Glaube kennt die Grenzen des freien Menschen. Und wer die Geschichte der Religionen, der christ-lichen wie anderer, ansieht, weiß, dass die Religionen selbst nicht frei sind von Selbstüberschätzung. Aber sie haben ein entscheidendes Korrektiv in sich. Der Mensch hat eine natürli-che Neigung, sich selbst für den Mittelpunkt der Welt zu hal-ten. Ohne einen Bezugspunkt außerhalb seiner selbst wird er intolerant gegenüber allem, was sich ihm entgegen stellt und verfällt in Verzweiflung, sobald er in existentielle Not gerät.

Die Neigung des Menschen zur Transzendenz ist vor diesem Hintergrund etwas Befreiendes. Gerade für einen Politiker ist es wichtig, sich stets darüber im Klaren zu sein, dass alles, was man macht, ein Fehler sein kann.

Neben dieser nüchternen Selbsteinschätzung bringt der Glaube an Gott aber auch die Erkenntnis mit sich, dass es einen breiteren Horizont gibt. Das kann zutiefst beruhigend sein. Denn tief im Herzen haben die Menschen die Sehnsucht, sich selbst nicht für den Maßstab aller Dinge halten zu müssen, sondern Antworten zu erhalten auf tiefere Fragen nach dem Sinn des Lebens. Von daher erklärt sich auch die tiefere Bedeutung des Begriffs der „Religion" aus dem lateinischen Wortstamm „re-ligio", was Rückbindung bedeutet. Der religiöse Mensch bindet sich an eine Wahrheit außerhalb seiner eigenen Entscheidungsgewalt. Sicherlich gibt es Menschen, die bewusst ohne Religion auskommen wollen und dennoch den Anspruch haben, glücklich zu sein. Ich glaube jedoch, dass der Weg zum inneren Frieden und Glück sehr viel kürzer ist, wenn man bei den Fragen des Lebens nicht nur auf sich selbst verwiesen ist und sich in einem Glauben verankert weiß, der zu einem Grundvertrauen ins Dasein befreit. Religion soll dabei keinesfalls als billiger Trost oder probates Allheilmittel missbraucht werden, aber sie kann Ruhe, Hoffnung und Kraft vermitteln, was Menschen gerade in einer schneller werdenden Welt brauchen. Die drei monotheistischen Religionen lehren, vor aller dogmatischen Unterschiedlichkeit und aller lebenspraktischen Differenz, vor allem dies: den Glauben an einen liebenden Gott, der für das Leben und gegen Zerstörung, für Vergebung und gegen Rache steht.

Religion prägt das soziale Verhalten

Die Erfahrung zeigt, dass die private Entscheidung, ob oder was der Einzelne glauben will, ganz konkrete Folgen auch für den menschlichen Zusammenhalt in unserer Gesellschaft hat. Dies lässt sich auch empirisch belegen, etwa anhand der konkreten Befunde des Familiensurveys des Deutschen Jugendinstituts aus dem Jahr 2000, der unter anderem auch den Lebenswandel von jungen Gläubigen verschiedener Religionen untersucht hat: Frauen und Männer, die häufiger Gottesdienste besuchen, messen der Ehe demnach eine größere Bedeutung für das Aufwachsen von Kindern zu. Für die Gesellschaft bedeutet das die größere Chance sozialer Stabilität. Regelmäßige Gottesdienstbesucher sind häufiger verheiratet und seltener ledig. Für die Gesellschaft bedeutet das mehr soziale Stabilität mit allen positiven Folgen. Regelmäßige Kirchgänger befürworten die Erziehung durch die eigenen Eltern. Für die Gesellschaft bedeutet das ein starkes Bewusstsein für Erziehung und elterliche Verantwortung. Kirchlich organisierte Menschen neigen auch im Fall einer ungeplanten Schwangerschaft eher zur Geburt des Kindes als zum Schwangerschaftsabbruch. Für die Gesellschaft heißt das nicht nur den Gewinn eines neuen Mitbürgers, sondern auch einen Gewinn an Rechtsbewusstsein und eine Stärkung der Kultur des Lebens, ein Mehr an Zuversicht. Frauen und Männer, die häufiger Gottesdienste besuchen, wünschen sich durchschnittlich mehr Kinder und bekommen auch mehr Kinder. Für die Gesellschaft bedeutet das nicht nur den Erhalt der Sozialsysteme, sondern vor allem eine Option auf Zukunft.

Damit ist keiner gesellschaftlichen Funktionalisierung von Religion das Wort geredet, sondern nur ein Faktum festgehalten: Religiöse Menschen leben Werte, die Konservativen wichtig sind. Nach einer Allensbacher Analyse von 2005, die 14- bis 29-jährige Deutsche befragte, „was in ihrem Leben wichtig ist", nannten junge Leute, die sich selbst als „religiös" bezeichnen, folgende Werte signifikant häufiger als Jugendliche, die sich selbst als „areligiös" kategorisieren würden: „gute, vielseitige Bildung", „immer Neues lernen", „Menschen in Not helfen", „Kinder haben", „Verantwortung für andere übernehmen", „Auseinandersetzung mit der Sinnfrage" und „aktive Teilnahme am politischen Leben". Nur zwei Werte erhielten größere Zustimmung bei nicht-religiösen jungen Menschen: „Hohes Einkommen" und „Spaß haben, das Leben genießen".

Man muss die Frage, ob Religionsunterricht an staatlichen Schulen eine sinnvolle Institution oder bloß Relikt vergangener gesellschaftlicher Verhältnisse ist, auch vor diesem Hintergrund diskutieren. Konservative werden sich immer für die Erhaltung des Religionsunterrichts einsetzen. Die Berliner Bürgerinitiative „Pro Reli" hat eindrucksvoll unter Beweis gestellt, dass Konservative hier auf die Unterstützung vieler Eltern setzen können. Eine religiöse Identität verleiht Selbstbewusstsein und prägt das Sozialverhalten. Das gilt selbstverständlich nicht nur mit Blick auf den christlichen Glauben, sondern auch für andere religiöse Überzeugungen in unserem Land.

Gräben zwischen den Religionen sind noch immer tief

Ich habe auf die prinzipiellen Gemeinsamkeiten zwischen den monotheistischen Religionen hingewiesen. Dennoch ist festzuhalten: Die Gräben zwischen den Religionen sind noch immer tief und grundsätzlich. Als wir 2009 den Hessischen Kulturpreis – unter mitunter schwierigen medialen Bedingungen – an vier Vertreter der drei monotheistischen Religionen vergeben haben, ging es uns darum, Brückenbauer zwischen diesen religiösen Bekenntnissen zu würdigen. Als Gesellschaft brauchen wir solche Vorbilder, damit der Beitrag der religiösen Gemeinschaften auch öffentlich sichtbar wird und ein religiös geprägtes Leben für die Menschen in unserem Land eine positive Option darstellt. Dennoch gehörte diese Kulturpreisverleihung zu den wirklich komplizierten Vorgängen meiner Amtszeit als Ministerpräsident. Waren sich ursprünglich alle nominierten Preisträger einig, genügte schon ein militärischer Einsatz Israels im Gazastreifen und seine Rechtfertigung durch den Zentralrat der Juden in Deutschland, um den Vertreter des Islam von der gemeinsamen Verleihung des Kulturpreises Abstand nehmen zu lassen. Bei der anschließenden zweiten Nominierung des Schriftstellers Navid Kermani als muslimischen Vertreter empfanden dann die Vertreter der beiden christlichen Kirchen sich durch dessen ungewöhnliche literarische Annäherung an die christliche Kreuzestheologie derart verunglimpft, dass nun sie ihrerseits den Preis ablehnen wollten. Es bedurfte intensiver Gespräche und großen öffentlichen Drucks, damit es doch zu einer sehr angemessenen Verleihungsfeier kommen konnte. Letztlich hatte das Kuratorium des Hessischen Kulturpreises sich mit dem Versuch der versöhnenden Betrachtung der drei Religionen übernommen. Für Schritte dieser Art scheint die Zeit noch nicht reif. Diese Einsicht hat erhebliche Folgen auch für die gemeinsame Interpretation von Verfassungsnormen.

Zur Religionsausübung von Muslimen

Darauf, dass religiöser Glaube das Sozialverhalten positiv bestimmt und dass dies auch für Muslime gilt, wurde bereits hingewiesen. Viele Mitbürger finden nun ihre geistliche Heimat im Islam. Nicht erst unser Grundgesetz, sondern schon der menschliche Zugang legt es nahe, respektvoll und umsichtig mit diesen zahlenmäßig noch minder vertretenen religiösen Bekenntnissen umzugehen. Gleichzeitig wird eine dauerhaft friedliche Koexistenz nur gelingen, wenn grundlegende Werte unseres Gemeinwesens durch andere religiöse Standpunkte nicht in Frage gestellt werden. Dies wird im Hinblick auf den Islam dann aktuell, wenn es um die bereits angesprochene Rolle der Frau, um die gesellschaftliche Nicht-Akzeptanz für jede Art von Ehrenmord oder auch die restriktive Handhabung in der Frage des Schächtens von lebendigen Tieren geht.

Unser Grundgesetz gewährt nicht nur die negative, sondern auch die positive Religionsfreiheit. Religiöse Bekenntnisse sollen sich in unserem Land entfalten können. Angesichts der hohen und weiter steigenden Zahl von Kindern muslimischen Glaubens stellt sich demzufolge die Frage eines islamischen Religionsunterrichts an staatlichen Schulen. Da der Islam Teil unserer Gesellschaft ist, haben muslimische Kinder ein Recht auf einen islamischen Religionsunterricht. Konservative, denen die religiöse Entwicklung junger Menschen wichtig ist, sehen ein solches Angebot entgegen mancher Klischees als gesellschaftliche Bereicherung und als Pflichtprogramm für den Staat an. Hessen hat auch in diesem Bereich der Integrationsarbeit über die Jahre eine Vorreiterrolle eingenommen. Mit dem stellvertretenden Ministerpräsidenten Jörg-Uwe Hahn als Integrationsminister wird diese Bedeutung unterstrichen. Konkret stehen nun die Fragen an, wer als Lehrer wie ausgebildet werden soll, um islamischen Religionsunterricht geben zu können und was in den entsprechenden Lehrplänen enthalten sein muss. Der starke Wille der christlich-liberalen Koalition in Hessen kommt nicht zuletzt darin zum Ausdruck, dass man über die Einführung des Fachs „Islamkunde" als Vorläufer eines erst später zu verwirklichenden vollwertigen Unterrichtsangebots nachdenkt. Denn genau an den allseits zu akzeptierenden Inhalten eines islamischen Religionsunterrichts entzündet sich die Debatte der vielseitigen muslimischen Verbandslandschaft. Die Einrichtung eines entsprechenden Unterrichtsangebots scheitert bislang an der Frage, wer auf muslimischer Seite überhaupt offizieller Ansprech- und Kooperationspartner sein kann. Es ist jedenfalls nicht akzeptabel, dass Verbände, die an den Diskussionen um deutsche Lehrpläne beteiligt sind, aus einem Ministerium in der Türkei heraus geführt werden wie dies bei Ditib (Türkisch-Islamische Union der Anstalt für Religion e.V.) der Fall ist.

Auch mit Blick auf die Frage nach dem Bau von Moscheen in unserem Land würde ein Entgegenkommen bei der Genehmigung von Kirchenbauten in der Türkei zur positiven Gestaltung dieser immer wieder aufkommenden Diskussion beitragen. Natürlich haben Muslime das Recht, eine Moschee als ihr Gotteshaus zu bauen. Konservative, die sich auf die Freiheit berufen, werden gerade die religiösen Freiheiten nicht einschränken. Dennoch ist es sinnvoll, aus Rücksicht auf das gute Miteinander der Religionen in unserem Land Großbau-Pläne einer Prüfung auf Angemessenheit und soziale Rücksichtnahme zu unterziehen. Der Moscheebau in Duisburg-Marxloh ist dafür ein positives Beispiel, derjenige in Köln hingegen erinnert daran, dass sich an solchen Bauvorhaben auch in unserer säkularisierten Gesellschaft soziale Konflikte entzünden können, die schnell außer Kontrolle geraten können.

Die Sorge vieler Menschen vor einer „Überfremdung" durch den Islam ist ein Faktum. Daher müssen konservative Politiker sie ernst nehmen. Wer diese Angst dauerhaft unbeachtet lässt und nicht thematisiert, muss sich darüber im Klaren sein, dass er viel riskiert, etwa die gelungene Integration von bereits säkularisierten Muslimen. Auch als christlich geprägte Gesellschaft haben wir also ein großes Interesse an der aktiven Religionsausübung von Muslimen in unserem Land.

Die befreiende Kraft von Religion

Nicht zuletzt unsere eigene jüngste Geschichte hat uns gelehrt, dass das besondere Wertebewusstsein religiöser Menschen gesamtgesellschaftlich gesehen zum Besten unseres Landes politisches Format annehmen kann. Die Bürgerbewegung in der DDR formierte sich zu weiten Teilen aus den evangelischen Kirchen. Die Kirchen, und in ihnen glaubensstarke und mutige Christen nicht nur in Polen und der Tschechei, haben insgesamt in großem Maße dazu beigetragen, dass es zur Wende und zum Niedergang des Ostblocks kam. Michail Gorbatschow hat Jahre nach dem Untergang des Sowjet-Imperiums festgehalten, dass es ohne Papst Johannes Paul II. nicht zu einer Öffnung des Eisernen Vorhangs gekommen wäre. Die politische Relevanz des menschlichen Bestrebens nach religiöser Selbstbestimmung und nach der Freiheit des Glaubens ist dabei keinesfalls nur etwas für die Geschichtsbücher. Ich habe dies auf der Grundlage meiner besonderen Erfahrungen mit der chinesischen Regierung und mit den Repräsentanten des tibetischen Volkes mehrfach im Fall der kommunistischen Volksrepublik China erlebt.

China – Kann ein Land ohne Religion existieren?

Die Parteidoktrin der kommunistischen Partei Chinas hält Religion für einen Missbrauch des Menschen, weil sie die Konzentration des Einzelnen auf etwas Anderes lenkt als das kollektive Glück, die Selbstverwirklichung in der totalen Gemeinschaft. Nach kommunistischer Ideologie ist das Kollektiv alles, der Einzelne nichts. Religion als etwas, was über den Entscheidungsgremien der Parteidoktrin steht, gilt auch diesen totalitären Machthabern als suspekt. Es darf nichts Höheres geben als die Gruppe. Eine solche Ideologie eröffnet natürlich machtpolitische Optionen der besonderen Art. Doch während man mir früher auf die Frage nach dem religiösen Bekenntnis von den wunderbaren Gaben der geliebten kommunistischen Partei erzählte, erlebe ich nun jedenfalls in den großen Ballungsräumen Chinas immer mehr Chinesen, die sich auch gegenüber Ausländern dazu bekennen, in Arbeitskreisen und Gesellschaften der Buddhisten ganz in der Nähe zu arbeiten. Nach den vielen Gesprächen, die ich darüber gerade in China führen durfte, bin ich mehr denn je davon überzeugt, dass es keiner noch so mächtigen Partei dieser Erde gelingen wird, dauerhaft eine Milliarde Menschen von dem Glauben an eine Welt außerhalb des eigenen täglichen Daseins abzuhalten und sie von der Religion auszuschließen. Der chinesische Großflächenversuch zeigt mit optimistisch stimmender Klarheit, dass die religiöse Sehnsucht des Menschen nicht dauerhaft still gelegt werden kann.

Ein besonders eindrucksvolles Beispiel dafür ist eben das tibetische Volk, das sich seine Wurzeln und seine Religion selbst mit allen Entbehrungen dieser Welt nicht austreiben lässt. Der Dalai Lama verkörpert diese stoische Überzeugung und unerschütterliche Treue, weshalb ich meine Freundschaft mit ihm als eine glückliche Fügung und Auszeichnung zugleich empfinde. Bei diversen China-Besuchen habe ich bei den Verantwortlichen in Peking dafür geworben, das Gespräch mit ihm zu suchen. Nur so wird es nach meiner Überzeugung gelingen, die buddhistische Religionsgemeinschaft in Chinas immer offenere Gesellschaft der Zukunft dauerhaft zu integrieren. Die zwangsläufige Selbst-Säkularisierung der künftigen chinesischen Gesellschaft vermag langfristig den befürchteten Gegensatz zwischen Partei und Politik auf der einen Seite und Religionsgemeinschaften bzw. religiösem Leben auf der anderen Seite aufzulösen.

Religion auf dem Rückzug?

In Deutschland stehen wir vor anderen Problemen. Hier geht die Bedrohung nicht von zu viel Regulierung der Religion aus, sondern von einer zu befürchtenden Auflösung der religiösen Kräfte an sich. Der Rückgang in den Mitgliederzahlen der beiden großen christlichen Kirchen ist dabei gleichzeitig Ursache und Symptom. Wenn es weniger Menschen gibt, die glaubwürdig die unerschütterliche Hoffnung eines Lebens aus dem Glauben in ihrem Gesicht tragen und in ihrer alltäglichen Existenz bezeugen, wird es weniger junge Menschen geben, die ihre Sinn-Fragen auch im kirchlichen Kontext stellen und sie im Horizont der christlichen Tradition beantwortet wissen wollen. Die Religion befindet sich auch deshalb auf dem Rückzug aus dem kollektiven Bewusstsein unserer Gesellschaft, weil wir sie tabuisieren. Manchmal stelle ich in unserer öffentlichen Diskussion eine seltsam künstlich gewollte Säkularisierung fest, die ein natürliches Verhältnis zu Religion und Glaubensinhalten schwieriger werden lässt. Im politischen Diskurs tun wir etwa manchmal so, als seien die Werte und das Miteinander der Menschen in unserem Land etwas völlig Selbstverständliches und hätten keinerlei Ursprung in der christlichen Botschaft und Lehre. Doch schon ein Blick in die täglichen Nachrichten zeigt, dass es keineswegs selbstverständlich ist, die Ehe nicht zu brechen, Besitz und Partner des Anderen zu respektieren oder Vater und Mutter in der Weise zu ehren, wie es in unseren Breitengraden die Tradition gebietet. All das ist nicht naturgegeben, sondern zutiefst von der biblisch-christlichen Tradition geprägt. Über solche Zusammenhänge in fast schamhafter Diskretion hinwegzugehen, tut unserer Gesellschaft nicht gut. Für ein öffentliches Bekenntnis zum Wert dieser Tradition sollten wir uns nicht zu schade sein.

Das „C" und die CDU

Eine beachtliche Reihe von Veröffentlichungen in den letzten Jahren warnt vor der Entchristlichung der CDU. Als Repräsentant der Union wurde ich oft mit der Frage konfrontiert, ob eine Partei nach wie vor das „C" in ihrem Namen führen dürfe, deren führende Vertreter sich in Abstimmungen und Debatten nicht immer entsprechend der jeweiligen Haltung der Kirche positionieren. Die Forderung, das „C" zu streichen, ist keineswegs nur, aber gerade auch mit Blick auf das konservative Profil der CDU kurzsichtig: Zum ersten stellt das „C" einen Anspruch dar, auf den man sich nur so lange berufen kann, wie er auch öffentlich – etwa im Parteinamen – vertreten wird. Ein Blick in die Protokolle der Parteitage, Bundesvorstandssitzungen und Fraktionssitzungen von CDU und CSU erinnert daran, dass die richtige Interpretation des „C" von Anfang an Streitpunkt war. Der Bezug auf das christliche Erbe hat dabei immer wieder zu Positionierungen geführt, die nicht immer mehrheitsverdächtig waren. Wer das „C" aus dem Namen streicht, tut der christlichen Sache in unserem Land jedenfalls keinen Gefallen. Zum zweiten ist aus den Verlautbarungen der Kirchen kein Parteiprogramm abzuleiten. Die Kirchen kennen schließlich selbst die Situation, dass sie ihre eigene Lehre intern diskutieren müssen und sie nicht immer in Gänze zur Geltung bringen können. Als Ministerpräsident habe ich im Gespräch mit sehr unterschiedlichen Bischöfen erlebt, dass es in den Kirchen selten eine festere Meinung gibt als in der Politik. Die manchmal nicht zu überhörenden Misstöne und offenkundige Missverständnisse zwischen kirchlichen Kreisen und christdemokratischen Verantwortungsträgern haben ihren Grund nicht selten darin, dass von unterschiedlichen Ansprüchen ausgegangen wird. Sicherlich sollte der Dialog mit den Kirchen, zu dem eine christliche Partei in besonderer Weise verpflichtet ist, nicht folgenlos sein. Aber angesichts der divergierenden Ansprüche einer auf Wahrheit basierenden Religion und einer auf Mehrheit angewiesenen Politik sollte man von beiden Seiten Zurückhaltung walten lassen und etwa statt von „christlicher Politik" eher von „christlich motivierter" oder von „christlich geprägter" Politik sprechen.

Die christliche Grundeinstellung der CDU stellt einen existentiellen Teil ihrer Identität dar, dessen Vermittlung immer wieder neu angegangen werden muss, aber dessen Bestand nie in Frage gestellt werden darf. Konrad Adenauer warnte unsere Partei schon 1962 davor: „Wie es auch immer sein mag, ich würde empfehlen, das C in unserem Namen als Leitmotiv nicht davon abhängig zu machen, ob es uns politisch mehr oder weniger Stimmen bringt, sondern dazu aus klaren Gründen prinzipieller Entschiedenheit zu stehen und die Frage der Opportunität in diesem Punkte überhaupt nicht zuzulassen."

Das Festhalten an einleuchtenden Überzeugungen, die Suche nach den Beständigkeiten im Leben und das Bewusstsein für gute Traditionen sind Verhaltensweisen bzw. Haltungen, die konservative und religiöse Menschen miteinander verbinden. Die Bereitschaft, sich selbst als „konservativ" zu bezeichnen, geht deshalb oft einher mit der Bereitschaft, sich als „religiös" zu bekennen. Diese Parallelität hat ihren Ursprung sicher auch darin, dass sich sowohl Religionen – und dabei besonders die christliche – als auch der politische Konservatismus dadurch auszeichnen, den Kern ihres Menschenbilds darin zu finden, dass sie den Menschen als das anerkennen, was er ist. Auch die irdische Zielvorstellung der meisten Religionen deckt sich mit der grundlegenden Absicht konservativer Politik: dem Menschen ein gelingendes Leben in Freiheit zu ermöglichen.

Schluss

Dass die Debatte über die Frage, was die Liebe zum Land ist, in diesen Tagen und von verschiedenen Seiten immer wieder aufkommt, hängt am Ende auch damit zusammen, dass zunehmend klarer wird: Allein technokratische Antworten werden angesichts der Tiefe unserer Krise weder angemessen noch ausreichend sein. Vielleicht würden solche technokratischen Antworten noch denen reichen, die sich mit vielen Details beschäftigen, die selbst Mitverantwortung tragen, die Gestalter oder Motoren oder Bremser in diesem Räderwerk sind, das eine moderne, große, wettbewerbsorientierte Gesellschaft zusammenhält. Die meisten Menschen sind das aber nicht. Sie fühlen sich als Objekte. Sie fragen uns nicht nur nach dem Paragraphen des Gesetzes, den die Politik noch dazu oft so formuliert, dass ihn keiner versteht. Sie fragen uns nach dem Sinn. Sie fragen nach ihrer Rolle, sie fragen uns auch danach, was alles zusammenhält oder ob es gar nichts mehr gibt, was alles zusammenhalten kann. Ob es Dinge gibt, über die wir uns verständigen können, bevor wir über Geld, über Rechtsordnung, Verfassung, internationale Beziehungen oder was auch immer sprechen. Ob es etwas gibt, das ausmacht, dass man ein Land auch als *sein* Land betrachtet und nicht nur als einen zufällig gewählten Wohnort.

Ich habe an anderer Stelle erwähnt, dass es nach meinem Empfinden der mutigen Aussage des ehemaligen Bundespräsidenten Horst Köhler, dass er sein Vaterland liebe, zu verdanken ist, dass Menschen wieder offener fragen, was damit gemeint sein könnte. Es ist ein Bekenntnis, das mehr ausdrücken soll als nur die Aufzählung von Paragraphen oder die formalen Strukturen und ihre Anerkennung. Wenn man das Land liebt, dann muss etwas aus dem Herzen kommen, das den Verstand begleitet. Und wahrscheinlich ist genau dort die Brücke, weil allein über den Verstand wirkliche Gemeinschaft nicht hergestellt werden kann und das Ertragen auch eines schwierigen Weges nicht möglich ist. Wir lieben nicht das Grundgesetz. Das achten und schätzen wir, und das sollten wir hochhalten. Wir lieben wahrscheinlich auch nicht unseren Pass. Er ist ein Ausdruck unseres formalen Status. Aber wenn wir von der Reise wieder nach Hause kommen und unsere Landschaften sehen, unsere Mittelgebirge, unsere Fachwerkhäuser, unsere Dörfer, wenn wir mit dem Flugzeug kommen und wieder hier einfliegen – dann denke ich immer an den Satz, den die Frau des früheren US-Präsidenten George Bush sen., Barbara Bush, einmal gesagt hat: „Wenn ich über Deutschland fliege, finde ich, ich bin in einem herrlichen, toll gepflegten Garten". Da wird unser Herz angesprochen. Wir freuen uns einfach, wieder da zu sein. Und wenn wir – wo immer in der Welt, denken Sie an viele junge Chinesinnen und Chinesen – unsere Musik hören, wenn wir sehen, wie andere überall auf der Welt unsere Literatur, Goethe und Schiller, unsere Musik, Mozart und Beethoven, studieren, dann fühlen wir uns ein Stück zu Hause. Dann freuen wir uns darüber. Dann sind wir auch ein wenig stolz darauf, dass wir dazu in einer näheren Verbindung stehen, so dass die anderen sagen, das *seid* ihr. Darin lebt etwas, was jeder von uns kennt, wenn er eine längere Zeit im Ausland war und irgendwo deutsche Stimmen hört. Es gibt eine Verbindung, und oft geht man dann hin und versucht herauszufinden: Wer sind die, was machen die? Das sind ja „meine Leute"! Man kennt sich vorher gar nicht, aber es entsteht ganz einfach ein Gefühl der Zusammengehörigkeit. Solche Formen des Zusammenlebens sind ganz normal, und sie haben mit Heimat, mit Zuhause, zu tun. Wir sind stolz auf unsere Verfassung, auf eines der demokratischsten Länder, das nach schwierigster Geschichte und schlimmster Schuld geschaffen worden ist – von uns selbst und von den alliierten Siegern, die heute unsere Freunde sind. Ja, wir sind, bei allen Schwierigkeiten der letzten Zeit, auch stolz auf unser Wirtschaftswunder, auf die Leistung von Menschen, die aus Trümmern etwas aufgebaut und geschaffen haben. Und wir sind stolz auf die soziale Sicherheit, die größer ist als in nahezu jedem anderen Land der Welt, und darauf, dass keine Suppenküchen mehr auf der Straße stehen, was in manchen großen Industrieländern, über die wir immer reden, immer noch zum Alltag gehört. Wir haben das alles beseitigt, und es ist eine Leistung, auf die wir stolz sind. Wenn man dann Menschen unserer Sprache trifft, wenn man über die Kultur, die Musik und die Geschichte redet, und wenn diese Nähe und Wärme entsteht, dann reden wir immer auch über die gemeinsame Basis, auf der das alles entsteht. Und das ist das Fundament von Heimat und von Werten. Diese Werte und dieses Denken, die sind nicht „out", sie werden nur zu selten ausdrücklich thematisiert. In diesem inneren Gleichgewicht aber lebt der verständige Konservative.

Und dort braucht unser Land die Konservativen. Sie werden und sollen niemals allein den Lauf der Zeit bestimmen wollen. Aber alle, die schnelle Änderungen wollen, die alles in Frage stellen und sich für das Gestern nicht interessieren, brauchen die Konservativen und sollten sie schätzen, anstatt sie zu verachten. Wenn man dieses Buch als ein konservatives Manifest versteht, dann geht es nicht darum, konservatives Denken zu einer neuen Ideologie zu erheben. Vielmehr geht es darum, diejenigen, denen an der Zukunft unseres Landes etwas liegt, zu ermutigen, sich selbstbewusst „Konservative" zu nennen. Auch mancher in meiner eigenen Partei muss gelegentlich daran erinnert werden, dass konservative Einstellung kein überwindungsbedürftiges Relikt der Vergangenheit, sondern ein notwendiger Bestandteil freiheitsorientierter Poli-

213

tik für die Zukunft ist. Gerade die politischen Kräfte, die dem Menschen seine von der Gottebenbildlichkeit abgeleitete Freiheit und Würde zusprechen und ihn zum Handeln in der Gemeinschaft motivieren, brauchen auch Grundsätze für die intellektuelle und moralische Begrenzung dieses Handelns. Konservative Grundsätze sind so etwas wie Leitplanken für die ungestümen Chancen der Freiheit.

Ich habe in diesem Buch beispielhaft Gestaltungsfelder von Politik und Gesellschaft beschrieben. Das ist, wie schon in der Einleitung bemerkt, keineswegs vollständig. Alleine über die heraufkommenden Herausforderungen der modernen Datenwelt könnten weitere Kapitel entstehen. Am Ende komme ich wieder zu der Frage, ob über alledem so etwas wie eine konservative Theorie stehen könnte. Diese Frage ist in den 70er Jahren des vergangenen Jahrhunderts in einer ersten Runde des Abwehrkampfes gegen den radikalen Modernismus der 68er schon einmal gestellt worden. So hat Gerd-Klaus Kaltenbrunner (Der schwierige Konservatismus, Herford 1975, S. 91ff.) versucht, einige Leitlinien eines prospektiven Konservatismus zu entwickeln. Mich überzeugt das alles wenig. Ich erinnere mich an meine ersten politischen Auseinandersetzungen mit Jungsozialisten und anderen Linken, bei denen ich immer etwas neidisch auf ihre selbstgewisse Zukunftsbetrachtung auf dem Boden eines gelernten marxistischen historischen Materialismus war. Man muss einen gewissen inneren Stolz entwickeln, um diesen vermeintlichen Denkgesetzen der politischen Physik à la Marx zu widerstehen. Aber das Wissen um die Tatsache, dass alles in der Welt sich ändert und der ganze Kampf dem Ziel gilt, dabei einige Prinzipien nicht zu vergessen und nicht zu missachten, macht eben auch den Konservativen aus. Der Philosoph Claude Lévi-Strauß (Mythologica III, Frankfurt 1973) hat vielleicht eine treffende Deutung der Bestimmtheit der Werte und der Unbestimmtheit des Weltenlaufs, wie sie der Konservative immer sucht, gefunden. Er spricht davon, „dass eine wohlgeordnete Humanität nicht mit sich selbst beginnt, sondern die Welt vor das Leben setzt, das Leben vor die Menschen und die Achtung der anderen Wesen vor die Selbstliebe; und dass selbst ein Aufenthalt von ein oder zwei Millionen Jahren auf dieser Erde [...] nicht als Entschuldigung dafür dienen kann, sie sich gleich einem Ding anzueignen und sich darin schamlos und rücksichtslos zu verhalten" (ebenda, S. 546). Das ist zu bestimmt, um für alles und jedes herhalten zu können, aber eben auch zu allgemein, um zum Programm, gar zu einer eigenen Theorie zu werden.

Auf dieser Grundlage sind CDU und CSU als Volksparteien mit ihren christlichen, liberalen, konservativen und sozialen Wurzeln gerade eine ideale programmatische Kombination. Gemeinsam formulierte Antworten auf die konkreten Herausforderungen des Tages müssen gefunden werden im Spannungsfeld der Ideengeschichte, die Europa geschaffen hat und ohne die die Wiedergewinnung eines nationalen deutschen Stolzes nach 1945 undenkbar gewesen wäre. So wie die Lage heute ist, würde das christliche Element mit dem konservativen verschwinden und umgekehrt. Diejenigen, die immer einmal wieder glauben, es gebe die CDU ohne das „C", würden ja auch niemals zulassen, dass sie in der Öffentlichkeit als Konservative bezeichnet werden. Angela Merkel hat zu Recht im Zusammenhang mit den Gesetzgebungsverfahren zum Embryonenschutz und zur Sterbehilfe gesagt: „Wenn wir das ‚C' im Namen von CDU und CSU nicht tragen würden, würden all diese Gesetze anders aussehen. Ich bin stolz darauf, dass Parteien mit einem ‚C' im Namen an der Gestaltung dieser Gesetze mitwirken und das tiefe Ringen um den Schutz der Würde des Menschen auch in diesen Dingen ausdrücken" (Rede in der Katholischen Akademie München vom 21. Juli 2009 (Online im Internet auf der Homepage der Bundesregierung. URL: http://www.bundesregierung.de/Content/

DE/Bulletin/2009/07/85-2-bkin-kath-akademie.html). Eine nur liberale und soziale Partei würde eben jene Leitplanken verlieren, die den freiheitlichen Staat human machen und die eben etwas anderes und mehr sind als rationale Mechanismen. Natürlich würden dadurch konservative Kräfte nicht verschwinden, aber sie bekämen eine Legitimation, sich eigenständig zu etablieren. Konservative Positionen dürfen nicht für sich alleine stehen, sie gehören in ein Spannungsfeld zum Veränderungsdruck der Tagespolitik. Wenn allerdings dieses Spannungsfeld nicht mehr innerhalb einer politischen Gemeinschaft entsteht, sondern nur noch durch vermeintlich gegnerische politische Wettbewerber dargestellt wird, haben Konservative die Tendenz, sich in reaktionärer Beharrung einzugraben. Alle Vorsitzenden der Union, von Konrad Adenauer bis Angela Merkel, einschließlich der jeweiligen bayerischen Unionsführer, haben diese große Verantwortung für den wahren Charakter einer Volkspartei gesehen und ihr Handeln danach ausgerichtet. Schon im Interesse der Konservativen, aber ganz besonders im Interesse eines starken, fortschrittsfähigen und erfolgreichen Deutschlands in einer global vernetzten Welt ist es eine Aufgabe von historischer Dimension, keine Partei mit der isolierten Identität des Konservatismus entstehen zu lassen.

Gerade angesichts der eingangs beschriebenen Unsicherheiten gibt es viele gute Gründe für die Annahme, dass in Partei und Gesellschaft die Popularität explizit konservativer Positionen wieder zunehmen wird. Ich habe dieses Buch vor allem deshalb geschrieben, weil ich es in meiner Arbeit oft als Mangel verspürt habe, dass ich zu kurzatmig und tagesbezogen auf die Frage nach dem konservativen Kern geantwortet habe. Mein langjähriger Vertrauter und Sprecher Dirk Metz musste mich oft beruhigen, wenn ich wieder einmal sah, dass es für differenzierte politische Argumentationen keinen publizistischen Platz gab. Nun hoffe ich, dass die Zusammenhänge, um die es mir geht, in diesem Buch etwas deutlicher gemacht werden konnten, als das in unserer schnellen Welt sonst üblich ist. Das könnte der nächsten Generation bei der politischen Profilbildung helfen.

Auf zwei große Gefahren für diejenigen, die das konservative Element in ihren politischen Erwägungen einbeziehen wollen, will ich zum Schluss zu sprechen kommen. Es handelt sich um Gefährdungen durch Populismus, aber aus zwei ganz gegensätzlichen Perspektiven. Da sind zum einen die Popularitätswerte in den Meinungsumfragen. Politiker, die sich an ihnen orientieren, werden prinzipiell Orientierungsprobleme bekommen. Kein seriöser Politiker kann so schnell seine Meinung anpassen, wie der Wind der Umfragen dreht. Diejenigen, die sich nach der Bundestagswahl 2009 ganz sicher waren, mit der vermeintlich immer populären Forderung nach Steuersenkungen ganz bestimmt auf der richtigen Seite zu sein, mussten sich auf einmal die Augen reiben, als sie sahen, dass angesichts der Sorge um Transferkürzungen auf einmal eine Mehrheit gegen die Steuersenkungen festgestellt wurde. In der seriösen Politikbeobachtung taugen Umfragen durchaus, um die Entwicklung von Meinungen und veränderte Unterstützung bestimmter Positionen beobachten zu können. Das sind wichtige Instrumente für die bestmögliche Öffentlichkeitsarbeit, aber keine Argumente für die bestmögliche inhaltliche Position. Umfragen verführen dazu, es allen Recht machen zu wollen, was aber in der Regel unmöglich ist. Nur zu oft habe ich in meiner politischen Laufbahn Umfragen vorgehalten bekommen, bei denen man mit ausreichender Erfahrung schnell sah, dass die interessierende Position zwar von der Mehrheit der Bevölkerung, aber nur einem kleinen Teil meiner Wähler unterstützt wurde. Da werden Umfragen zur Falle, denn in einer Demokratie sind Politiker gewählt, im Rahmen des Möglichen zunächst einmal die eigenen Wähler zu befriedigen, bevor sie auf die allgemeine Beliebtheit auch bei den politischen Gegnern spekulieren. So ist das auch mit dem Image konservativer Ideen und konservativer Politiker. Mag sein, dass Konservative in der Gesellschaft zwar für ihre Ideen, aber nicht für den Begriff eine Mehrheit finden. Auch die konservativen Wähler brauchen aber ihre Identifikationsfiguren. Sie haben in der Gesellschaft eine viel stabilere Basis, als die Umfragen suggerieren.

Es gibt neben der Demoskopie ein zweites Risiko des Populismus. Diese Gefahr sehen in diesen Jahren vor allem die Kommunalpolitiker. In den Gemeinden meines langjährigen Wahlkreises ist es inzwischen nicht einmal mehr möglich, ein neues Baugebiet durch Beschluss des Gemeindeparlaments auszuweisen, denn jedes Mal kommt danach der Bebauungsplan durch einen Bürgerentscheid zu Fall. Viele Menschen, unabhängig von ihrer parteipolitischen Orientierung, fordern zwar Veränderungen im ganzen Land, aber in ihrer unmittelbaren Umgebung wollen sie in jeder Hinsicht ihre Ruhe. Die Neubürger des vergangenen Jahrzehnts verlangen jetzt Ruhe auf der Straße und den Stopp des Zuzuges weiterer Gemeindebürger. Das ist nicht konservativ, es ist kurzsichtig und kleinkariert. Konservative sind immer in der Gefahr, solchen egoistischen Interessen auf den Leim zu gehen. Doch mit einer solchen Haltung wird nichts bewahrt, was wichtig ist, da werden ethische Gründe bestenfalls vorgeschoben. Konservative dürfen sich nicht zum Sprachrohr des Stillstandes machen. Sie müssen Motor der an Werten orientierten Weiterentwicklung des Gemeinwesens bleiben.

An den beiden genannten Problemen wird noch einmal eines deutlich: Wertegebundene Politik, die gelernt hat, Erfahrungen der Vergangenheit mit einzubeziehen, ist die Verpflichtung zur Weiterentwicklung und nicht die Legitimation des Stillstandes. Wenn Chateaubriand von „Festhalten an der gesunden Lehre" sprach, war dies die konservative Maßgabe, bei jeder notwendigen Veränderung den Maßstab der gelernten Erfahrung nicht außer Acht zu lassen.

Die schwierige deutsche Geschichte im 20. Jahrhundert und ihre anfangs unzureichende Aufarbeitung, mit der Folge der gesellschaftlichen Explosion des Jahres 1968, haben es gerade für Konservative in Deutschland schwer gemacht, die gebührende Anerkennung für ihre Rolle bei der Entwicklung der zukünftigen Gesellschaft zu erhalten. Eine Welt von freien Menschen, die in Frieden und gegenseitiger Achtung ihrer Würde leben wollen, braucht aber immer einen konservativen Kern. In jeder nationalen Gemeinschaft, die in der multipolaren Weltordnung der Zukunft ihren Platz hat, bedarf es eines Konsenses über diesen Kern. Die Neugierde auf das, was noch kommt, entscheidet über Wohlstand und Frieden für morgen. Aber der Stolz auf die gewachsenen Prinzipien einer langen und oft leidvollen Kulturgeschichte unserer Völker und Nationen prägt jede friedliche Ordnung, die uns vor den unmenschlichen Folgen einer wie auch immer gearteten Anarchie schützt. Da ist der ehrbare Platz des Konservativen, der immer ein Reformer bleiben muss. Ich bin überzeugt: Ohne diese Werte und Prinzipien ist kein Staat zu machen.

Dank

Dieses Buch, das in relativ kurzer Zeit entstand, konnte ich nur mit der Hilfe einiger Vertrauter zustande bringen. Ich danke Nathanael Liminski, Dr. Urban Mauer und Wolf-Dieter Adlhoch für ihre fachliche Unterstützung sowie Thorsten Schulte für seine unermüdliche Arbeit in Korrektur und Koordination. Meinem langjährigen Freund Dirk Metz gilt mein Dank, dass er sich bereit erklärt hat, die Pressearbeit zu begleiten. Herrn Dr. Rudolf Walter danke ich für sein sehr schnelles Lektorat. Und natürlich gilt mein besonderer Dank dem Verleger Manuel Herder dafür, dass er mich zunächst überzeugte und dann das Tempo hielt.